VÉLO À LA CARTE
et
AQUITAINE

SOMMAIRE

MODE D'EMPLOI   II
ROULEZ ZEN !   IV

▸ Les bons réflexes : *Pour éviter le stress*
▸ Avant le départ : *Les règles d'or*
▸ Bien s'équiper : *Ayez les bons réflexes !*
▸ Les panneaux de signalisation
▸ Un bon comportement : *Règles de conduite*
▸ En cas d'accident

CIRCUITS / CARTES   2
INDEX   94
LÉGENDE   100
ADRESSES UTILES

LES DIFFICULTÉS DU PARCOURS :

 facile
 moyen
difficile

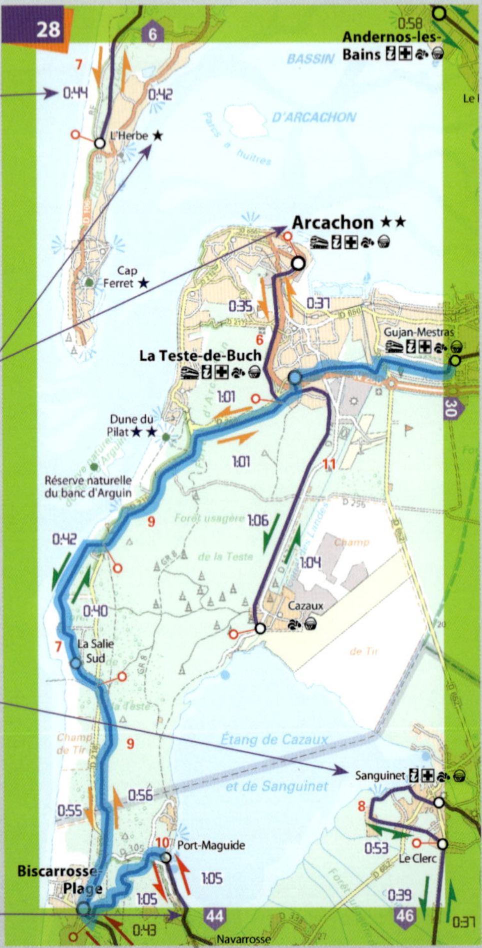

Le temps du parcours

Indication du temps de parcours *(moyenne de 7 à 15 km/heure)* selon la difficulté du trajet.

Les étoiles du Guide Vert

★★★ Très vivement recommandé
★★ Recommandé
★ Intéressant

les **km à parcourir** sont indiqués entre deux picots

Les pictos vous informent

- 🛈 Syndicat d'Initiative
- ✚ Pharmacie
- 🥖 Boulangerie
- 🛒 Épicerie
- 🚉 Gare ferroviaire

Renvoi à la page où l'itinéraire continue...

CARTE PARCOURS
Schéma pour construire et visualiser les parcours

LES PANNEAUX
DE SIGNALISATION

Comme les automobilistes, les cyclistes doivent respecter le code de la route et la signalisation. **A noter** : les vélos sont souvent tolérés dans les zones piétonnes, à condition de rouler très doucement. Certains panneaux leurs sont spécifiquement dédiés :

 Accès interdit aux cycles

 Débouché de cycles

Panneaux autorisant les cyclistes à franchir les feux rouges :

«Aller-tout-droit»   *«tourne-à-droite»*

 Conditions particulières de circulation par voie sur la route suivie

  Début et fin de piste ou bande cyclable obligatoire pour cycle sans side-car et remorque

  Début et fin d'une piste ou d'une bande conseillée et réservée aux cycles à deux ou trois roues

  Voie verte

  Zone de rencontre

 Panneau directionnel de position sans indication de destination, ni distance

 Panneau complémentaire d'identification d'un itinéraire cyclable

VII
LA VITESSE

Chaque cycliste doit savoir **maîtriser sa vitesse**.

Il est très important de rappeler que les pistes cyclables et véloroutes sont en général **très fréquentées**, que de nombreux enfants y circulent, accompagnés de leurs parents.
Il n'est donc pas envisageable de s'y entraîner pour de la compétition.

QUAND VOUS ROULEZ :

- **N'écoutez pas de musique avec un casque**, sous peine de ne pas entendre les avertissements des autres.

- **N'utilisez pas de portable**

- **Ne roulez pas sur le trottoir** *(admis jusqu'à 8 ans)*

- **Attention aux rafales de vent !**

ANTICIPER
les éventuels dangers :
ouverture de portière, traversée piétons, déboîtement d'un véhicule !

UN BON COMPORTEMENT
RÈGLES DE CONDUITE

POSITIONNEMENT SUR LA CHAUSSÉE

ROULEZ SUR LA DROITE et gardez toujours 1m de sécurité entre vous, le trottoir et les voitures.

GARDER SES DISTANCES

LAISSEZ AU MOINS 3m entre vous et les autres deux-roues ou véhicules. Distance de sécurité : 1m en ville ou en agglomération urbaine.

CHANGEMENT DE DIRECTION

Bien l'indiquer en **TENDANT VOTRE BRAS**.

DÉPASSEMENT

Ne dépassez jamais un autre vélo sur la droite, vous risqueriez de surprendre et de déséquilibrer son conducteur.

LES DÉPASSEMENTS s'effectuent toujours **PAR LA GAUCHE**.

INTERSECTION ET SENS GIRATOIRE

Il est fortement recommandé de traverser les grands axes routiers **VÉLO À LA MAIN,** en redoublant de prudence.

Sur les sens giratoires :
- **RESTEZ À DROITE** dès lors qu'il n'existe pas de voie cyclable.
- **SIGNALEZ PAR LE GESTE** la trajectoire ou la sortie que vous voulez emprunter.
- **REGARDEZ LES AUTRES CONDUCTEURS** afin d'être sûr d'être vu.

ROULER EN FILE SIMPLE

EN CAS DE VISIBILITÉ RÉDUITE, à la tombée de la nuit et lorsqu'un véhicule voulant vous dépasser annonce son approche.

ÉVITER LES ANGLES MORTS

RESTEZ TRÈS VIGILANT à l'approche des poids-lourds, bus ou camionnettes.

GARDEZ VOS DISTANCES : 2 m minimum, notamment à l'arrêt.

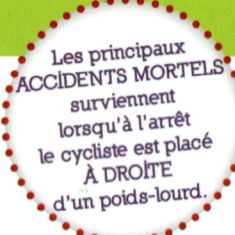

Les principaux ACCIDENTS MORTELS surviennent lorsqu'à l'arrêt le cycliste est placé À DROITE d'un poids-lourd.

⚠ ATTENTION !

- Feux de positions non allumés *(la nuit ou en cas de visibilité insuffisante)*.
- Absence de catadioptres, sonnette, freins fonctionnants
- Tout dispositif non réglementaire *(éclairage, signalisation, avertissement sonore)*

↓

amende prévue pour les contraventions de la 1ère classe

- Absence de gilet haute visibilité *(la nuit ou en cas de visibilité insuffisante, hors agglomération)*
- Utilisation du téléphone portable *(tenu en main)*

↓

amende prévue pour les contraventions de la 2ème classe

EN CAS D'ACCIDENT

 ## PROTÉGER

- Assurez un périmètre de sécurité autour des victimes.
- Balisez l'accident en amont et en aval.

 ## ALERTER

- Prévenez les secours en indiquant le nombre et l'état des victimes.
- Précisez le lieu précis de l'accident.

 ## SECOURIR

- Ne déplacez pas les victimes, sauf en cas de danger imminent, tel un incendie.
- Prodiguez les premiers soins d'urgence en tenant la victime au chaud et desserrez ce qui pourrait gêner sa respiration.
- Ne retirez pas le casque d'un conducteur de deux-roues.
- Ne donnez ni à boire ni à manger aux victimes.
- Si la victime est inconsciente, tournez-la et placez-la en position latérale de sécurité.

- **15** SAMU
- **18** POMPIERS
- **17** POLICE
- **112** URGENCES

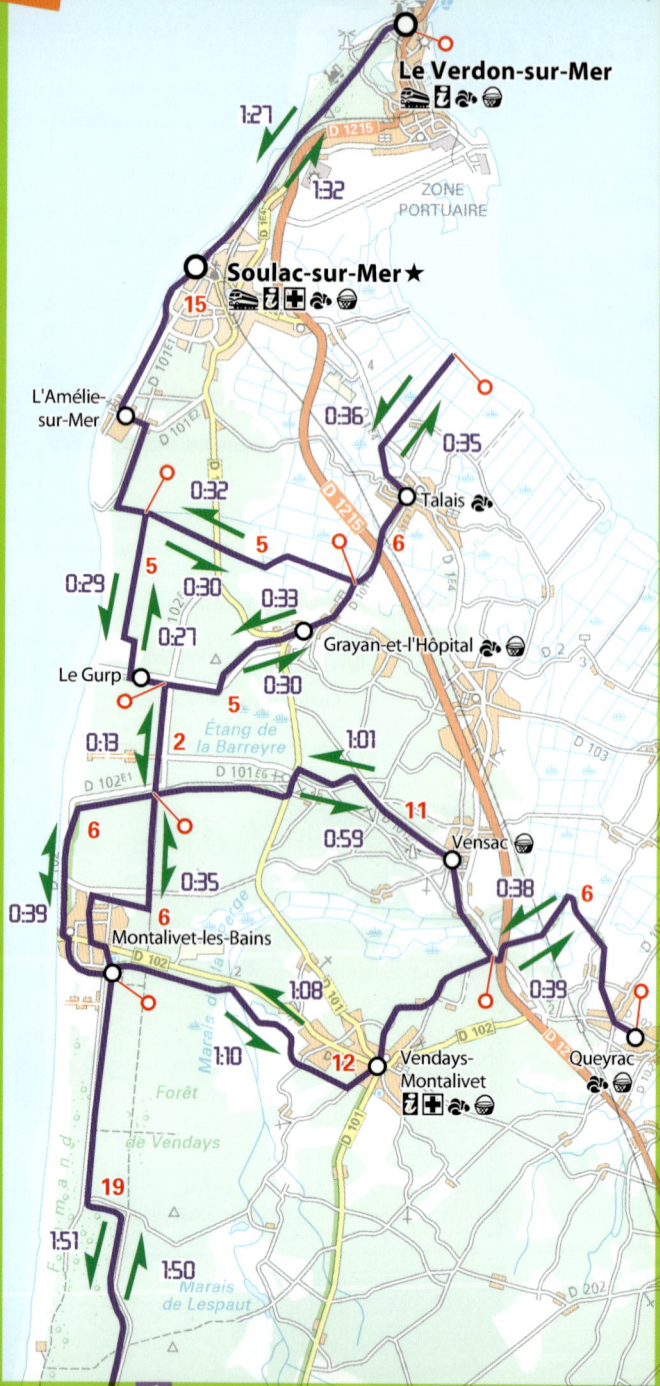

4

2

- Hourtin-Plage
- Le Crohot-de France
- La Gracieuse
- Le Crohot-des Cavales
- Bombannes
- Carcans-Plage
- Maubuisson
- Hourtin
- Carcans
- L'Alexandre
- Lacanau-Océan

19 Forêt
1:51 1:50

0:20
3 0:24
0:27 0:44 **7**
4 0:14 0:45 0:58 **10**
0:15 **3** **2** 0:56
0:19
3 **3** 0:19
3
0:18 0:20
3 0:38 **6**
2 **5** 0:33 0:40
0:13 1:12
3 0:42
0:25 1:12
0:15 **4** **13**
0:15 0:25
2 10
0:34 **7** 0:56
0:33 1:05
6 0:49
3 0:20 0:48 1:05
0:20 **12**
3 0:21 **3** 0:19
3 0:30
0:23 **3** **6**
0:21 0:48 0:50

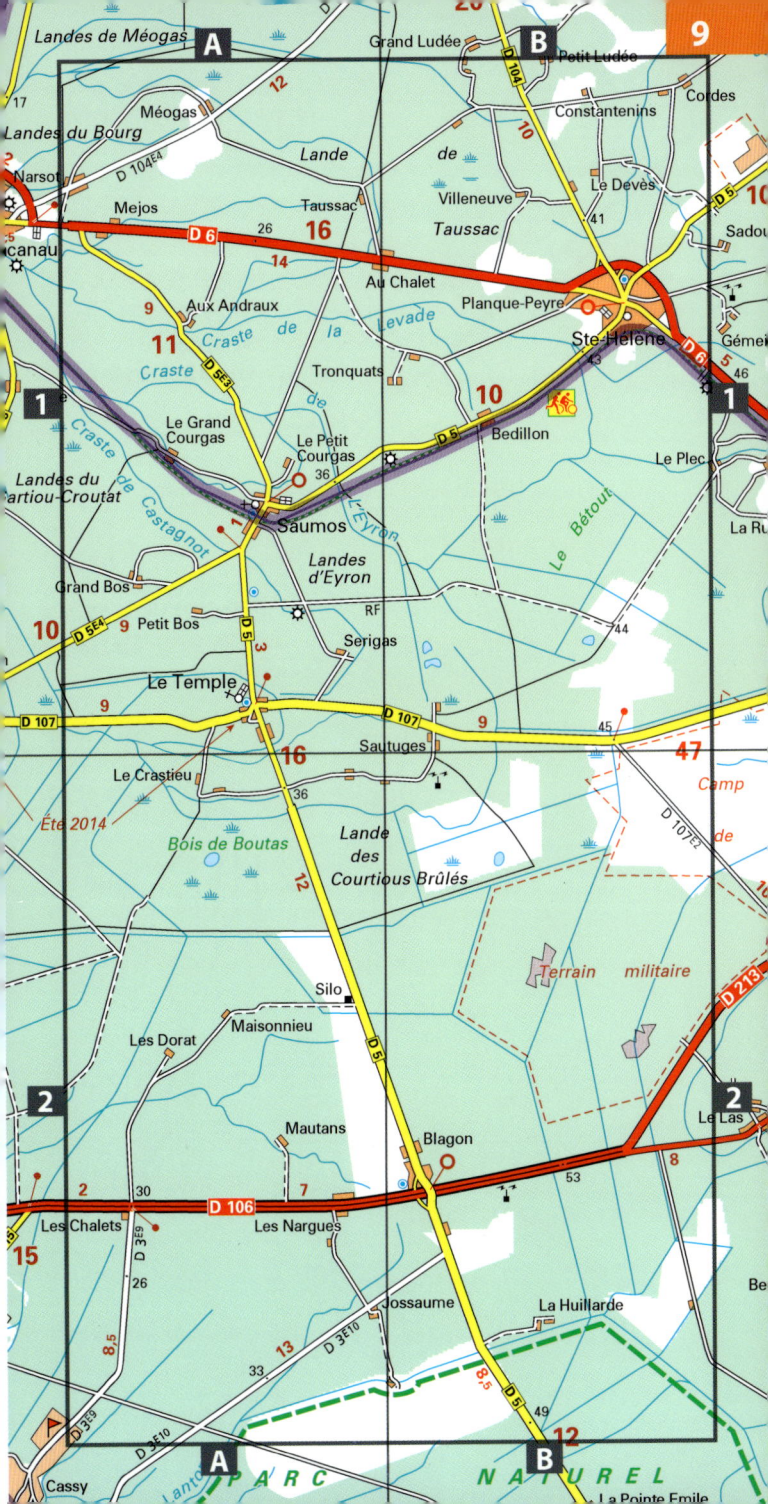

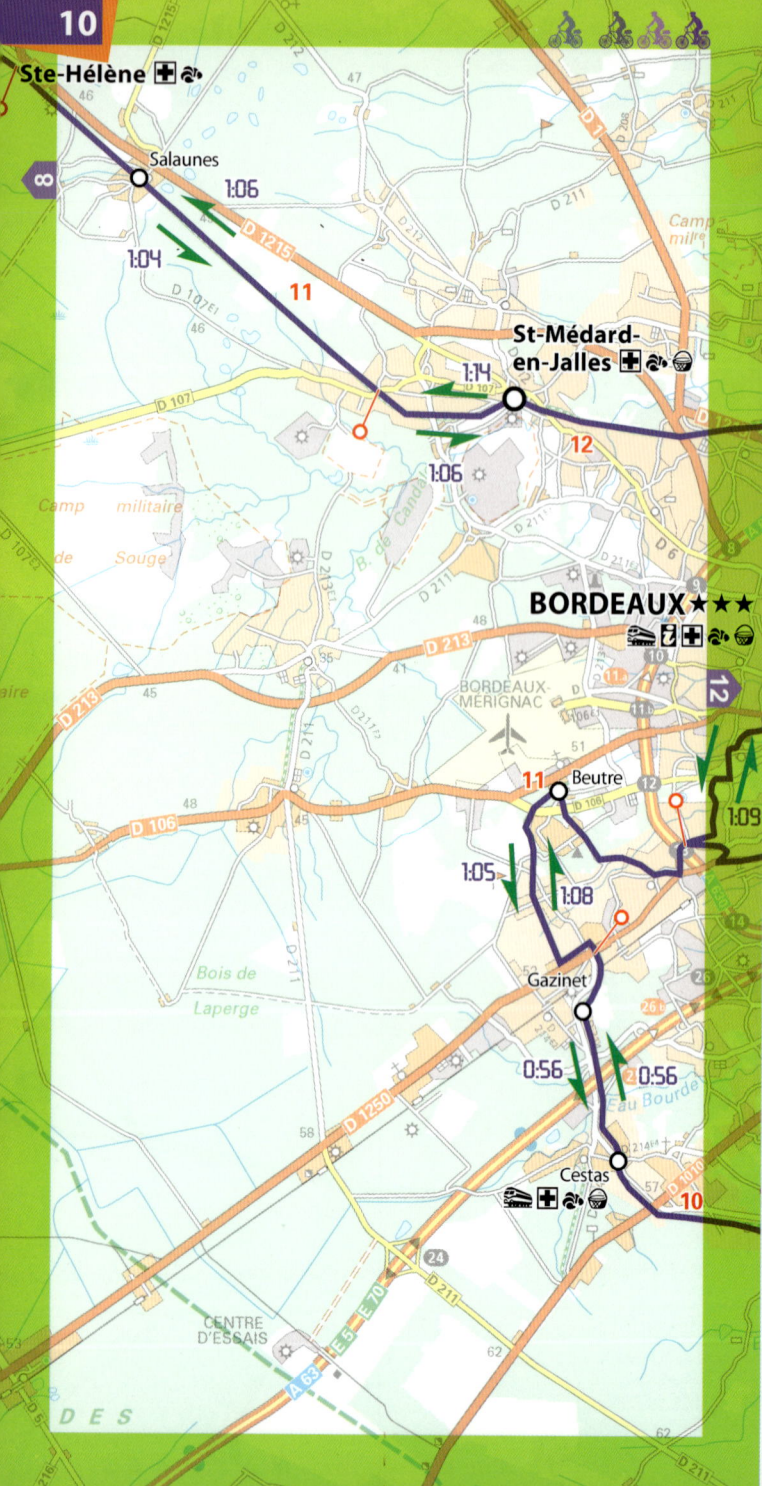

12

Blanquefort
1:02
10
0:21
0:14
Bruges
0:23
4
0:12
4
Lormont
0:32
3
0:15
5
BORDEAUX ★★★
11
Cenon
0:57
Mérignac
1:07
Floirac
11
3
1:10
1:09
9
11
1:09
0:20
Bouliac
1:08
Talence
Carignan-de-Bordeaux
Pessac
0:50
0:54
1:16
Bègles
0:54
9
1:10
Gradignan
Latresne
12
7
0:42
0:37
10
3
Léognan
0:11
TECHNOPOLIS

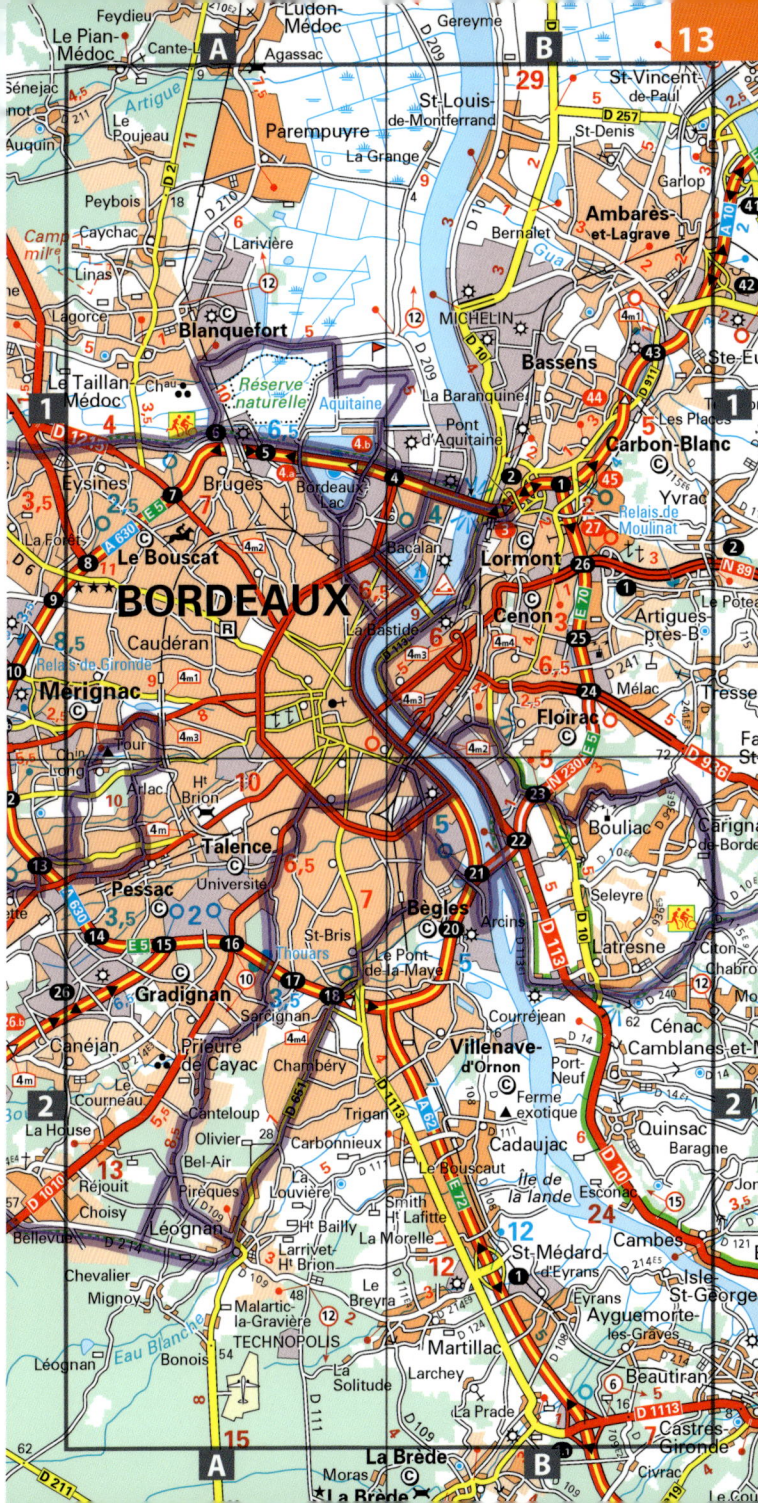

14

Carignan-de-Bordeaux

1:51

2:04

18 Sadirac

Créon

1:18

1:14

12 La Sauve

Ancienne abbaye ★

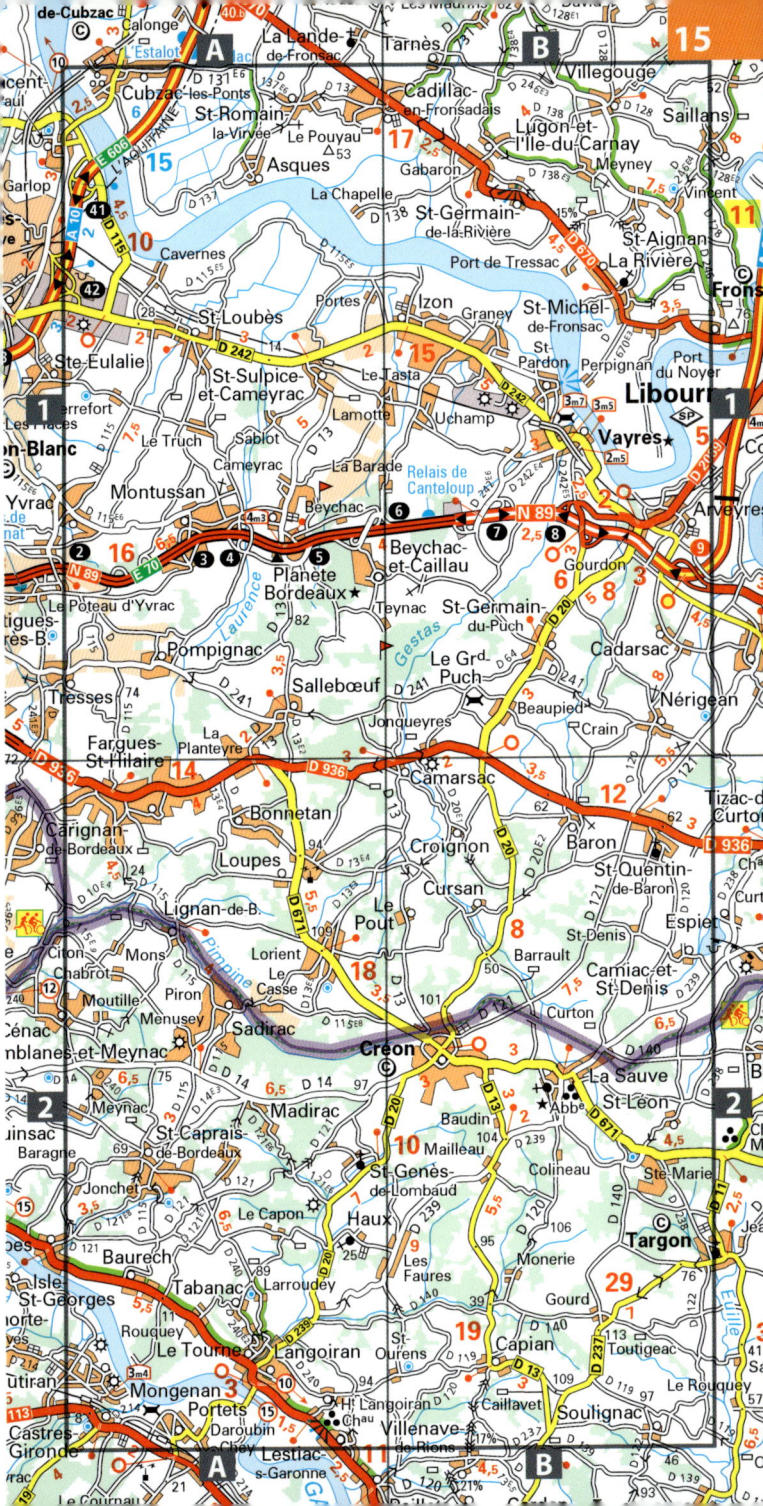

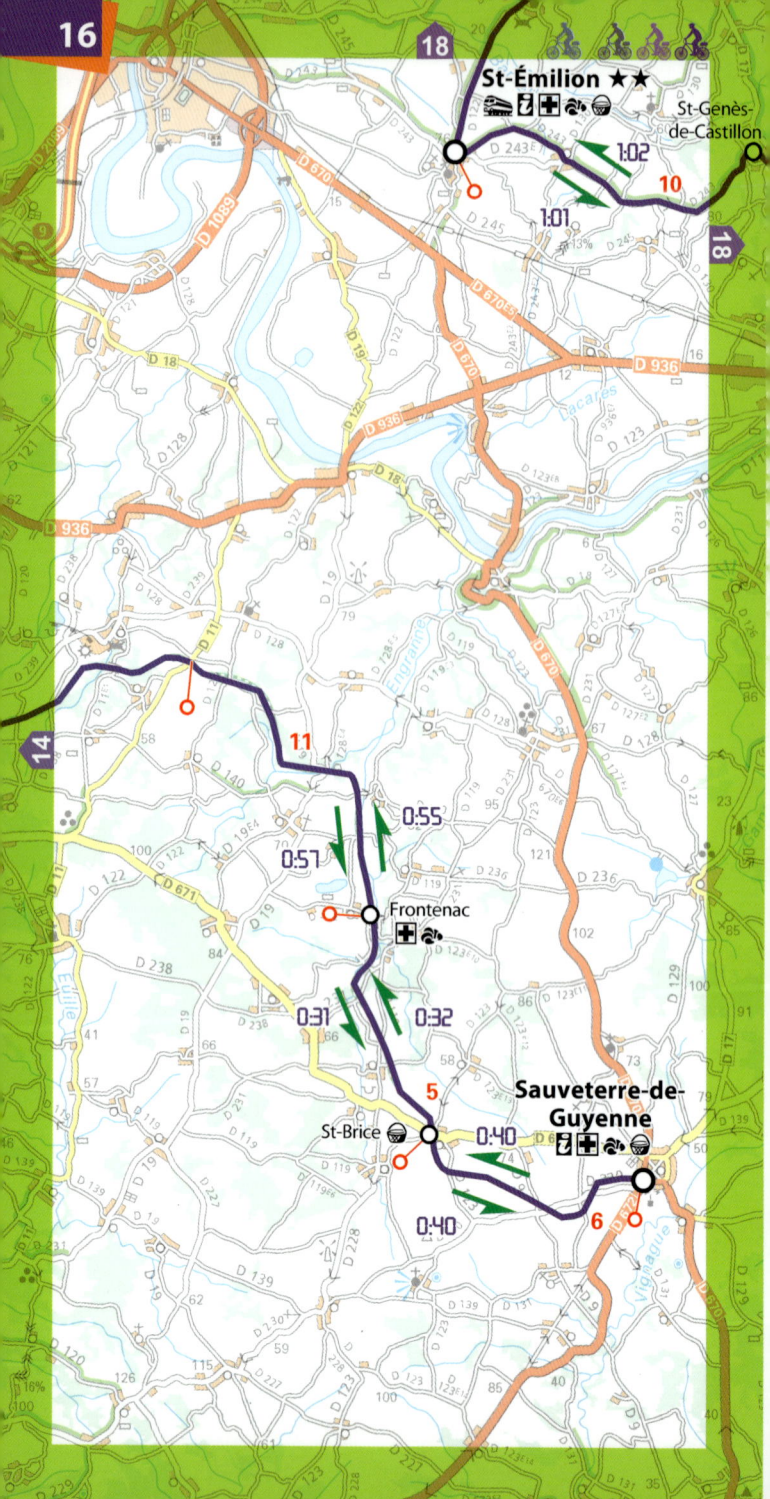

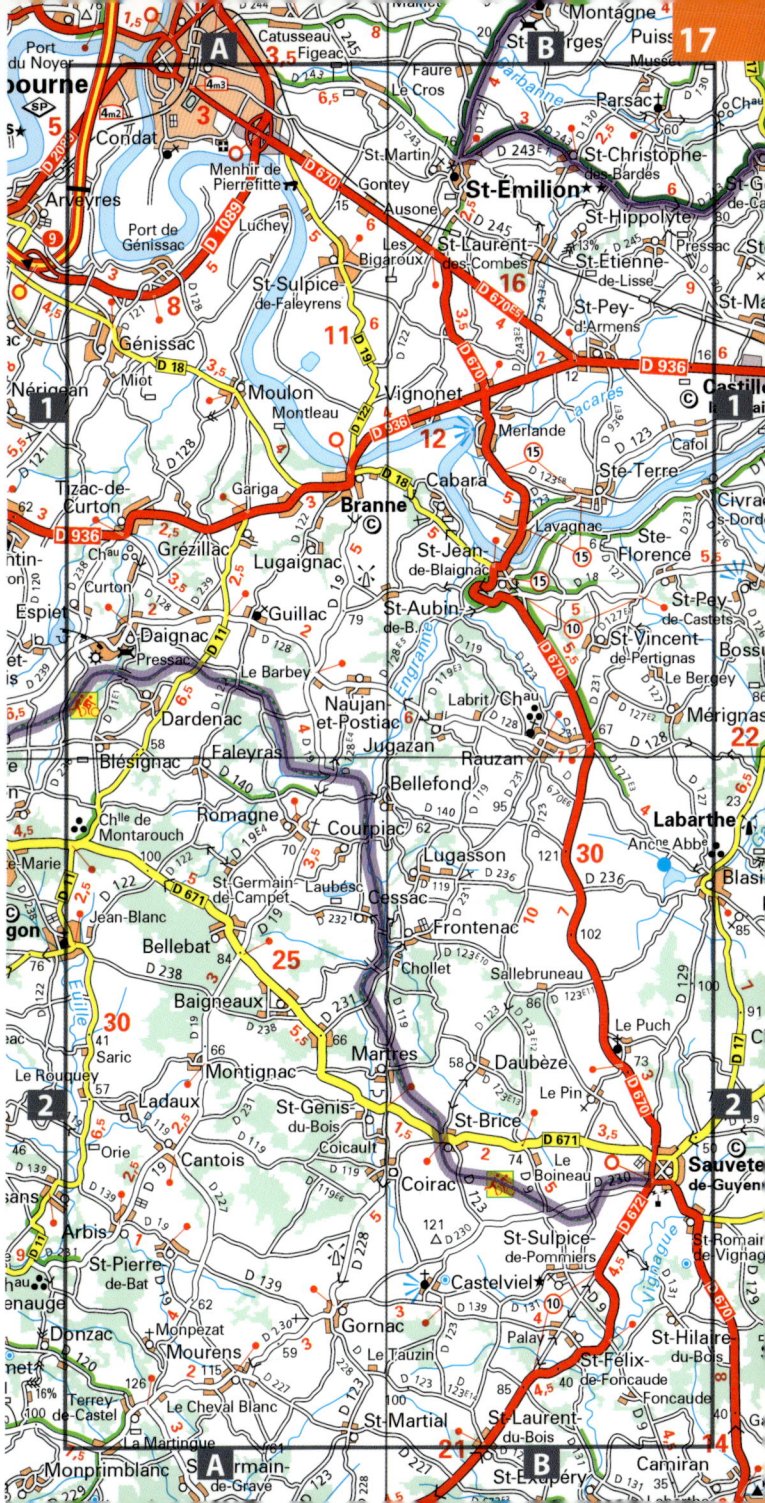

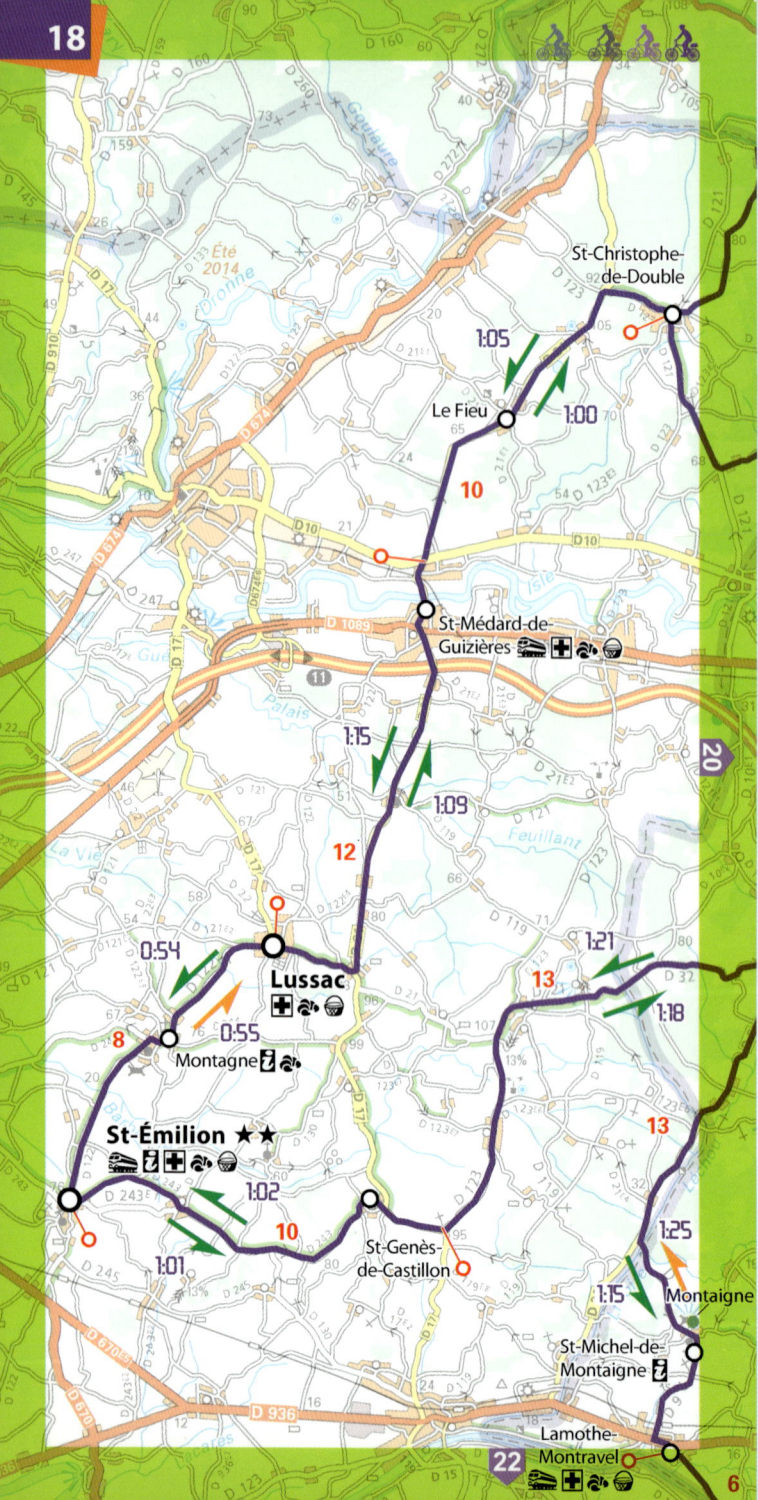

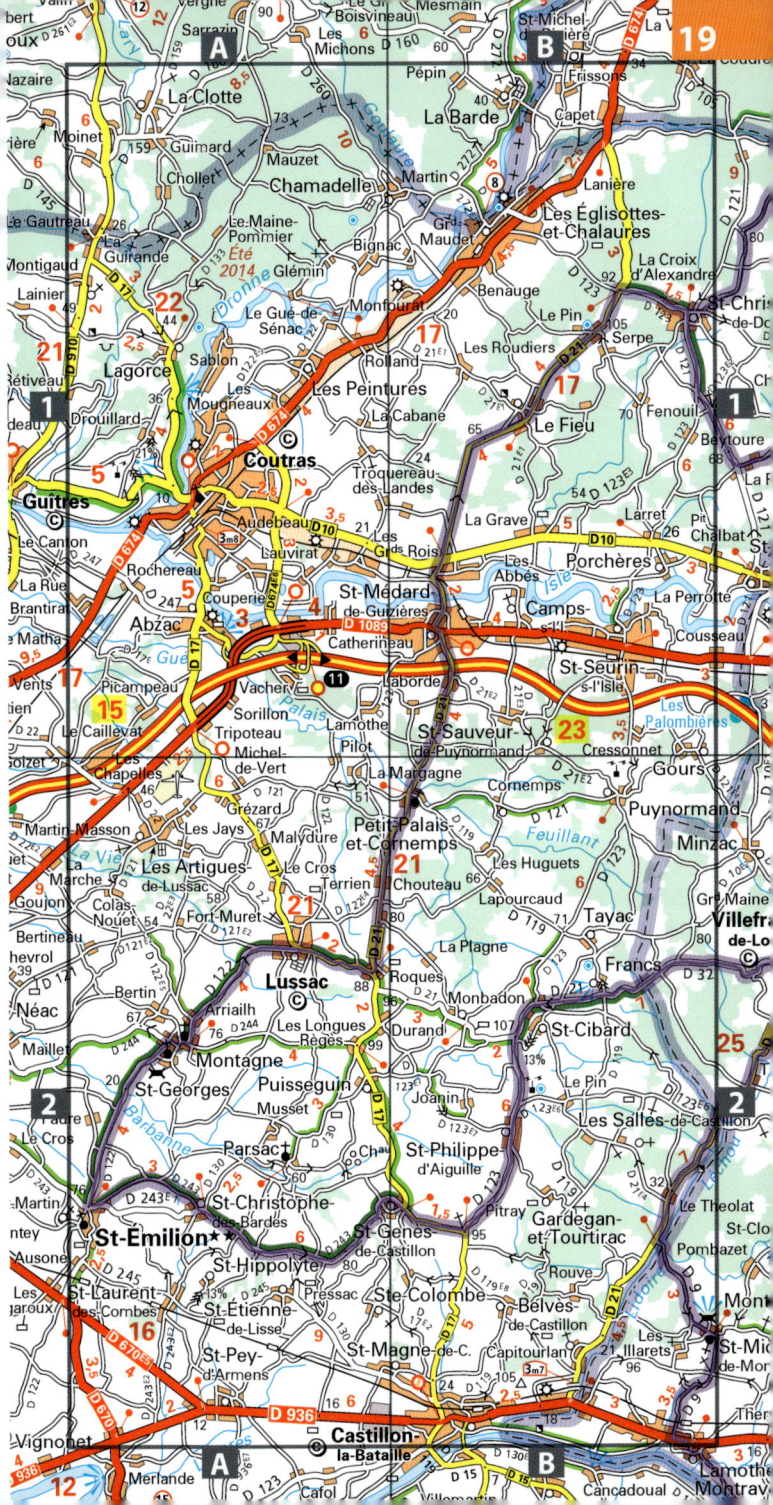

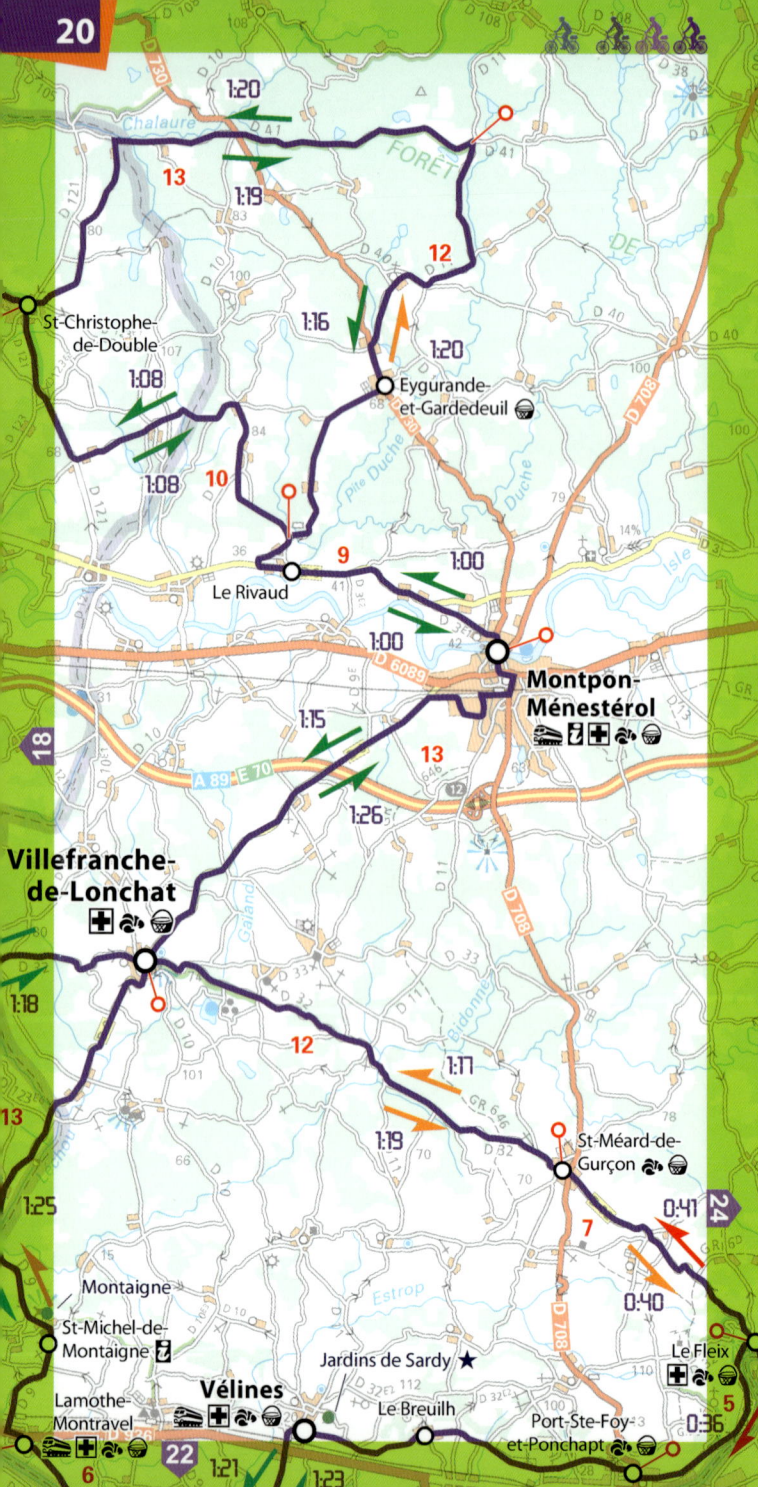

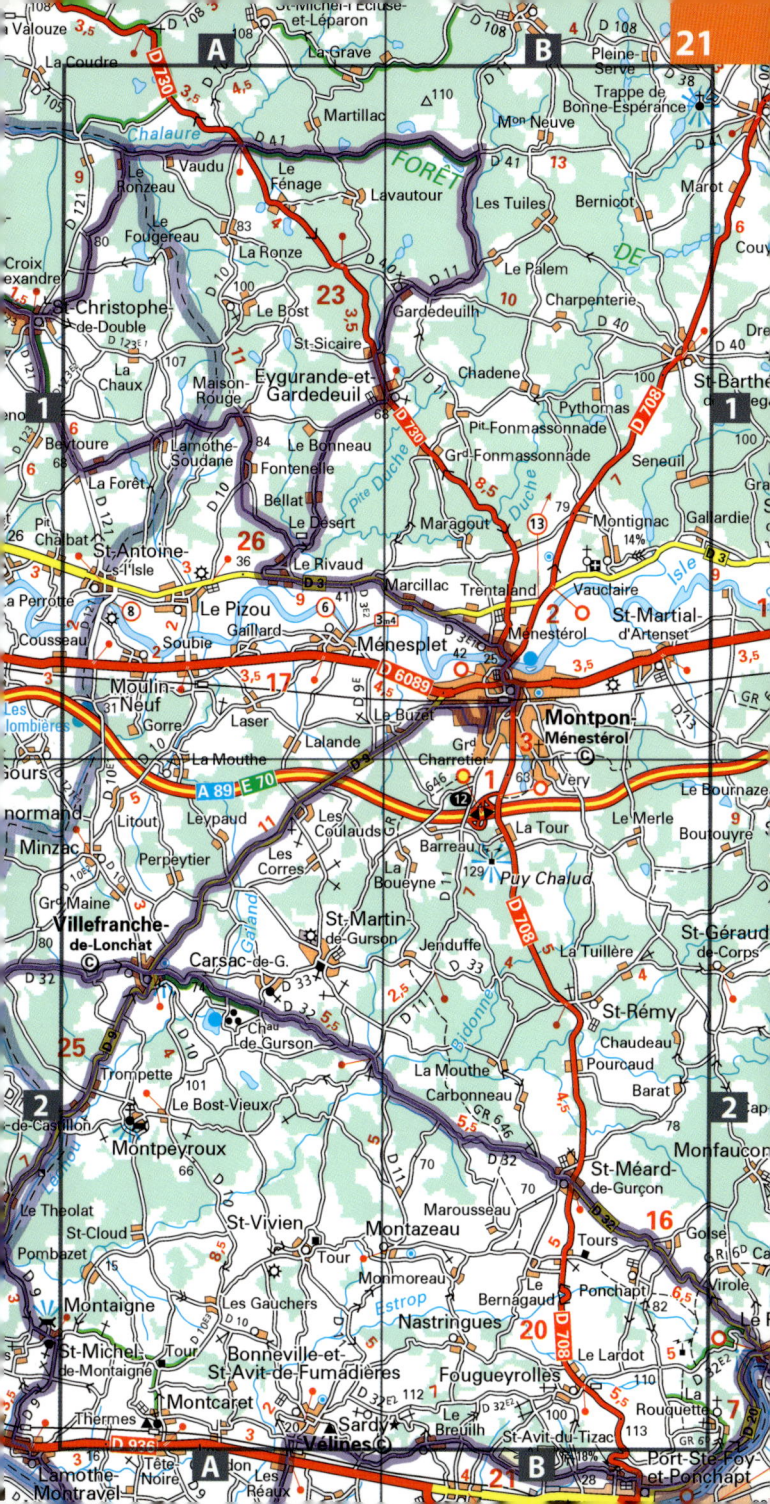

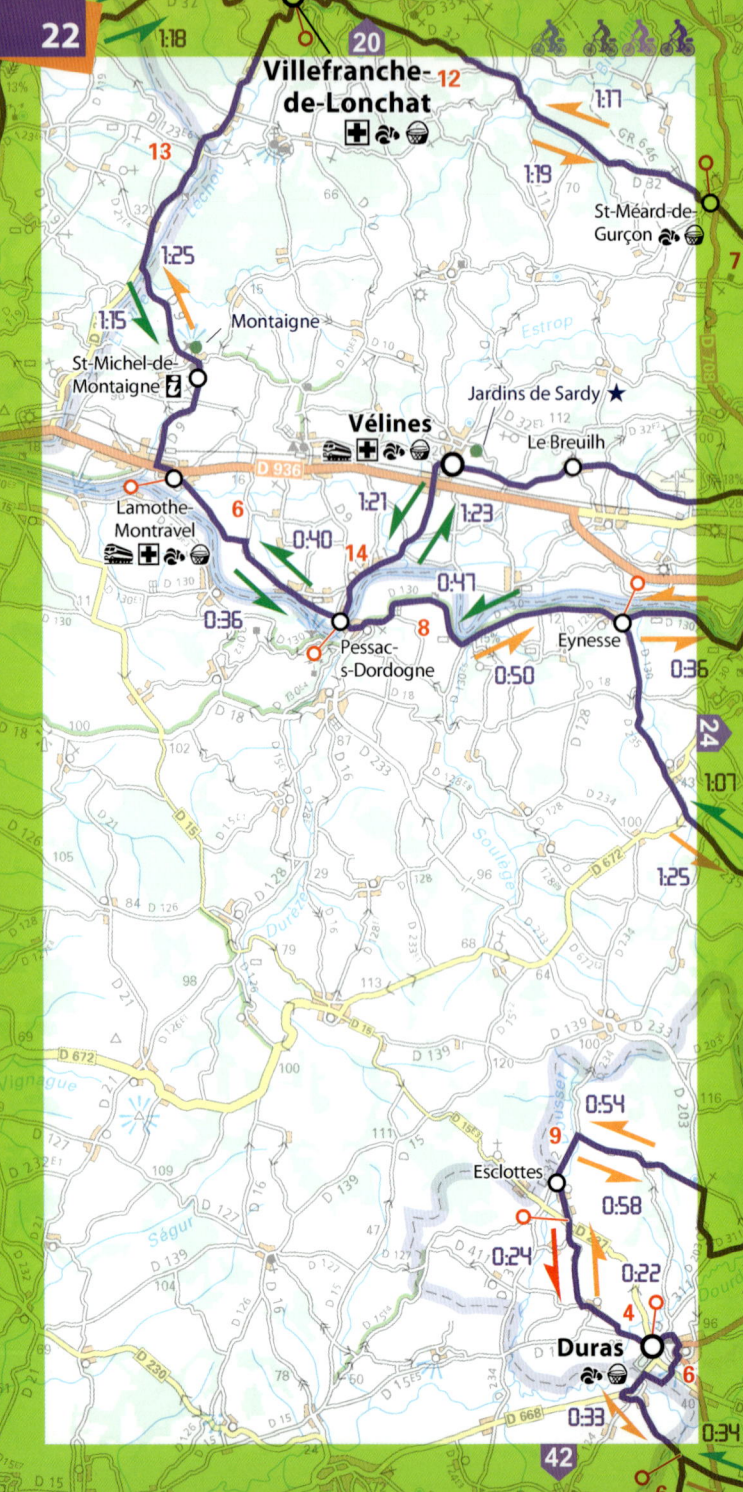

24

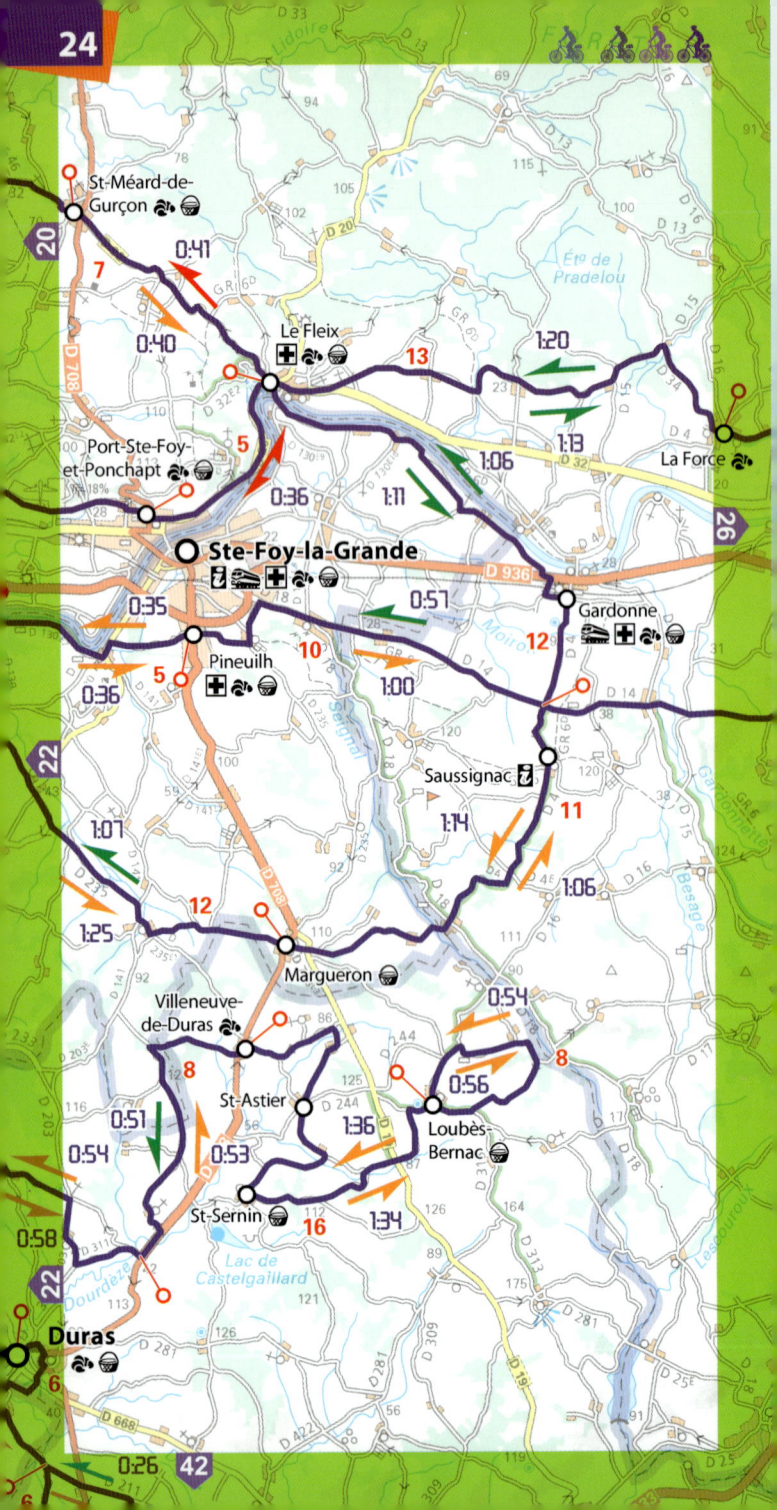

St-Méard-de-Gurçon

0:41
0:40

7

Le Fleix

13

1:20
1:13

Port-Ste-Foy-et-Ponchapt

5

0:36

1:11 1:06

La Force

0:35

Ste-Foy-la-Grande

0:57

Gardonne

12

0:36 5

Pineuilh

10

1:00

26

1:07

1:25

12

Saussignac

1:14 11 1:06

Margueron

0:54

Villeneuve-de-Duras

0:51

8

0:56 8

St-Astier

0:54

0:53

1:36

Loubès-Bernac

0:58

22

St-Sernin

16 1:34

Duras

6

0:26 42

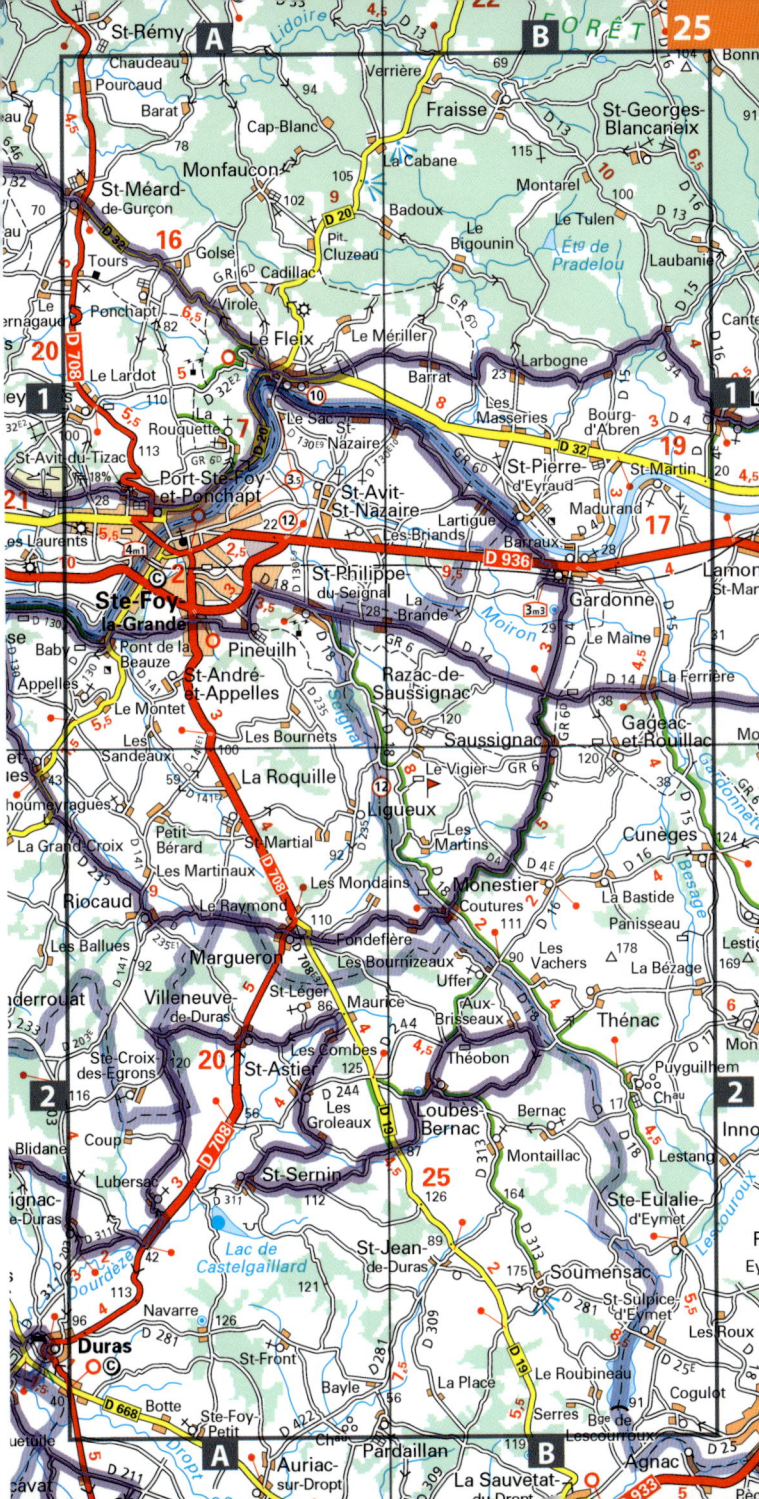

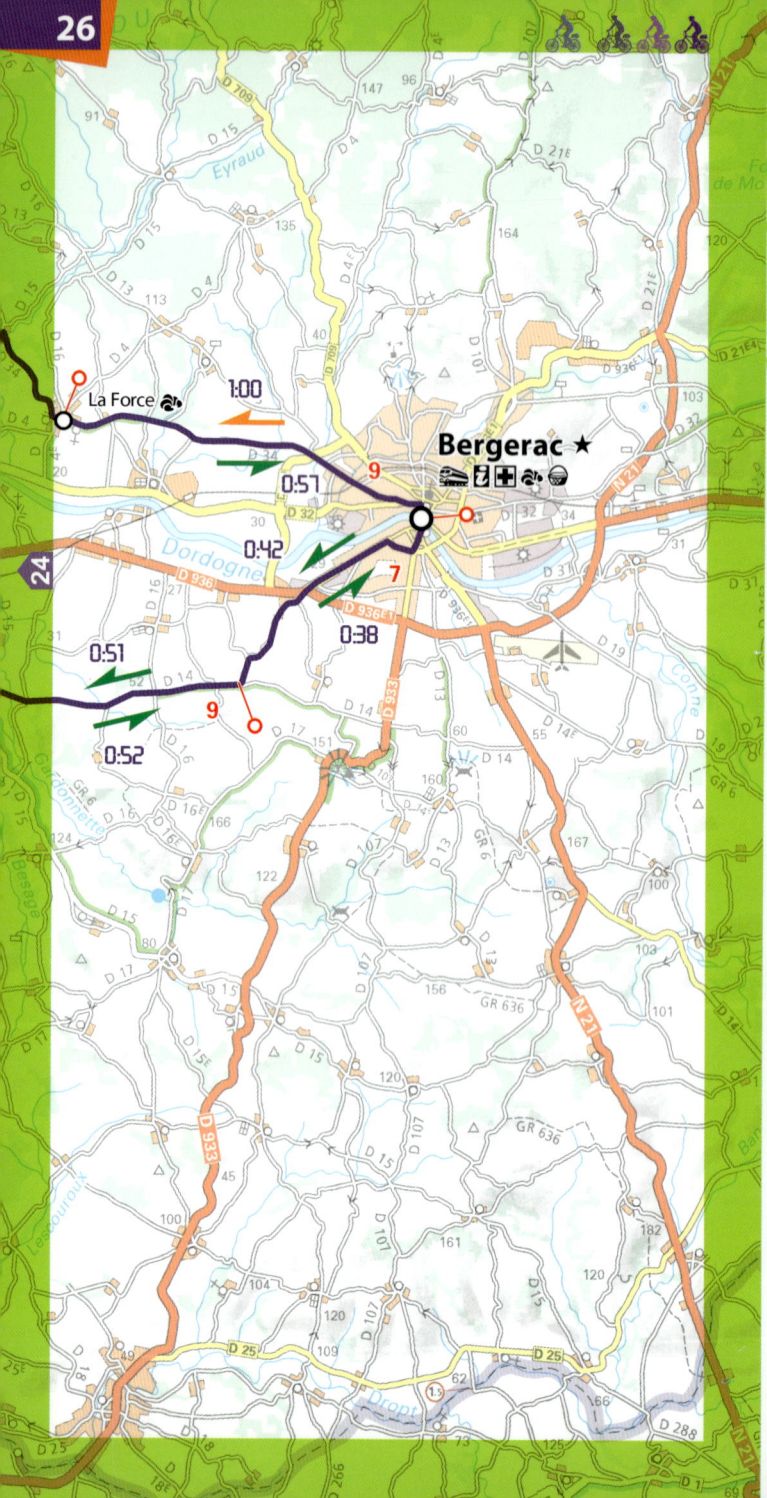

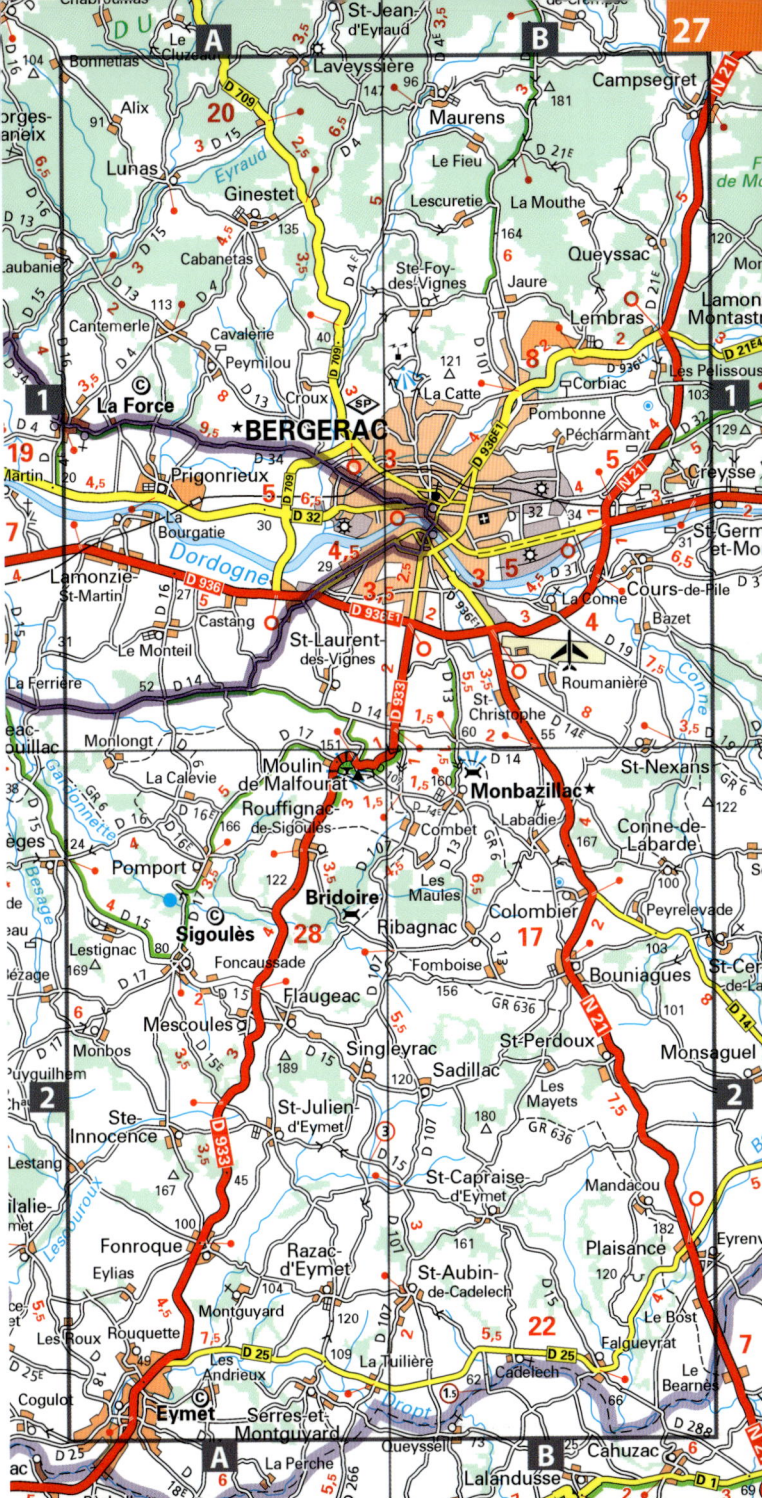

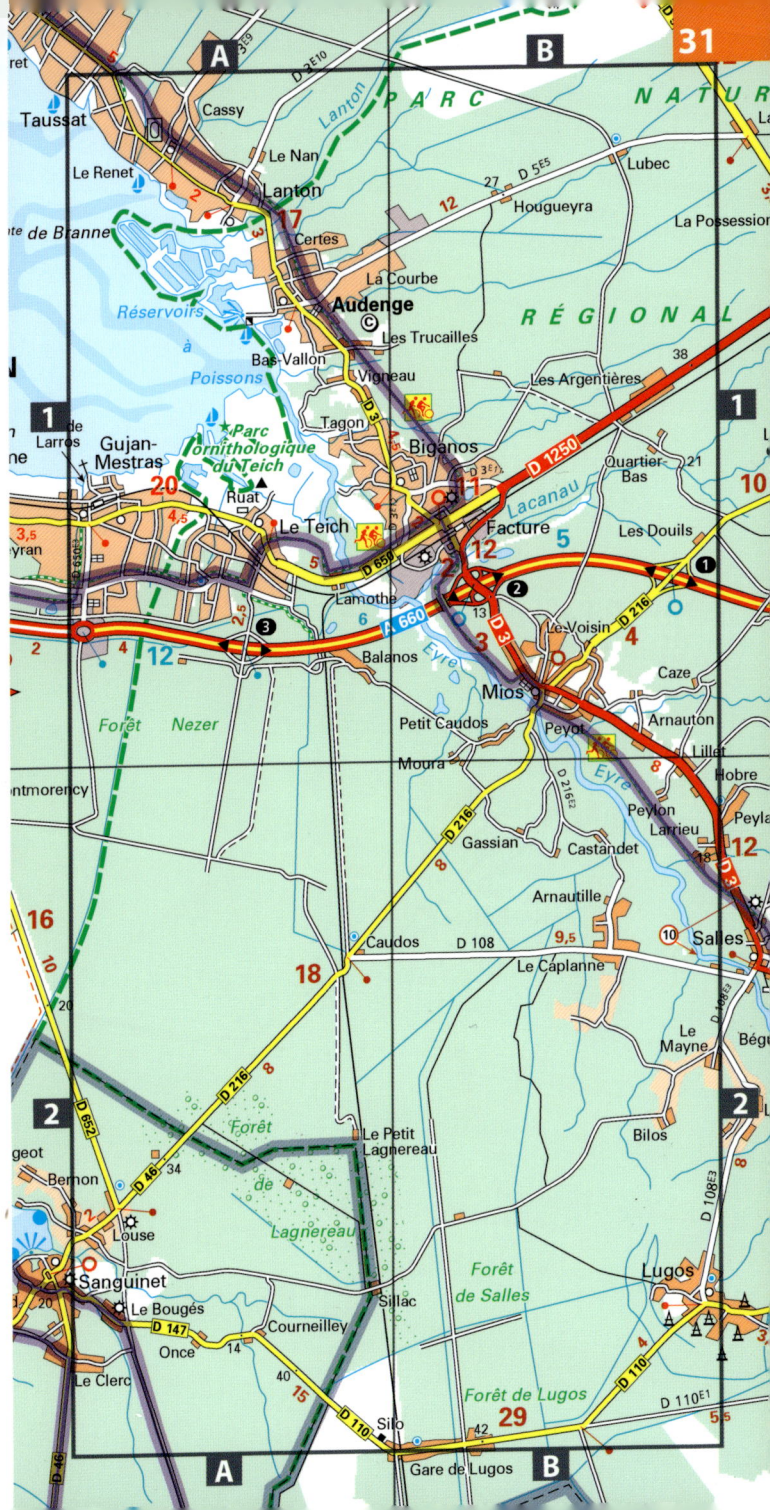

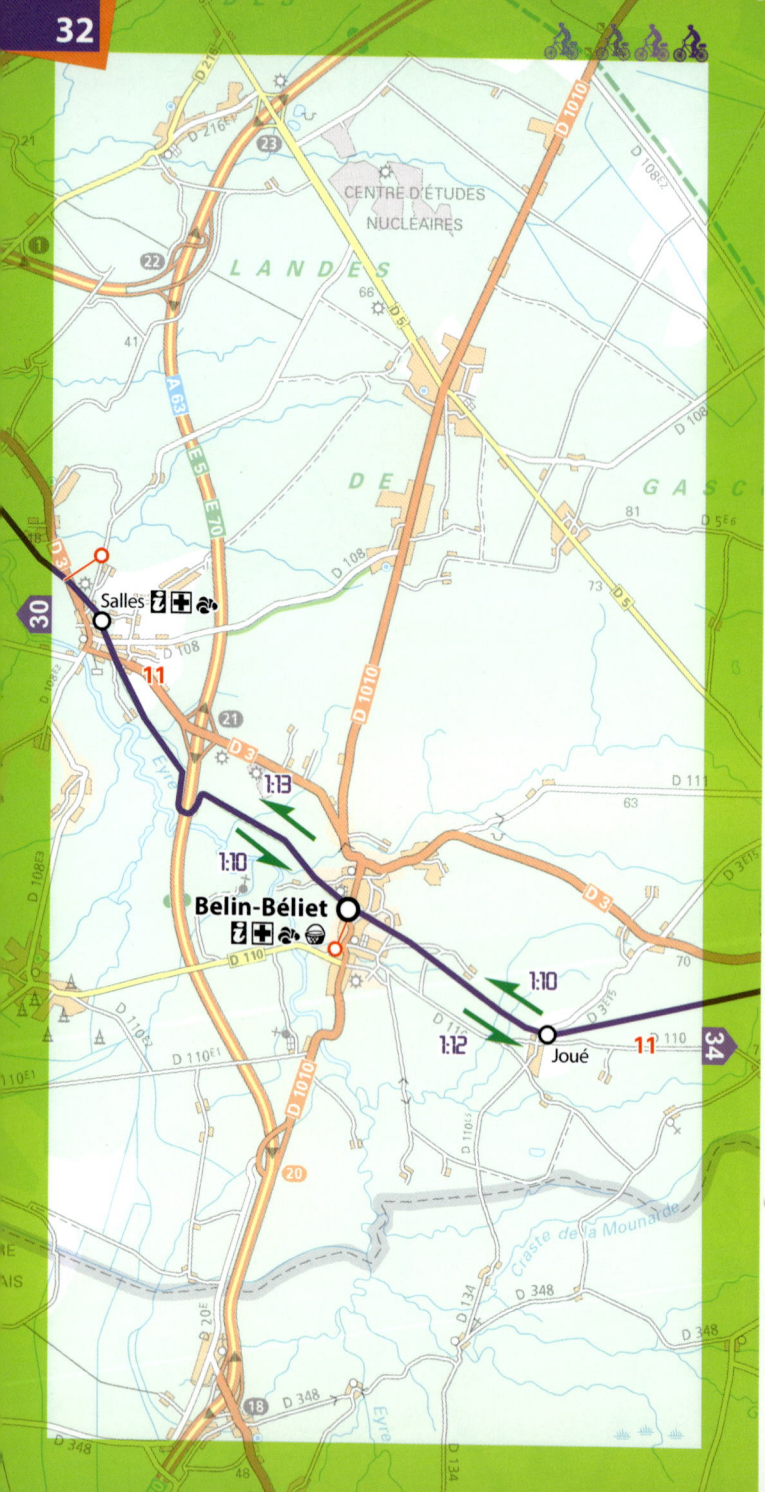

A
B
1
2
Le Puc
Les Quatre-Routes
Bellebiste
Testarouch
Lacanau-de-Mios
Les Gargails
Florence
Garrot
CENTRE D'ÉTUDES NUCLÉAIRES
Tournebride
LANDES
DE
GASC
Mougnet
Le Barp
Chantier
Jaugut
Champ Neuf
Castor
Baillet-Haureuils
Lavignolle
Marguit
Bruillet
Lillet
Hobre
Peylahon
Argilas
Paris
Peybidau
Perrin
Salles
Badet
Le Mayne
Béguey
Lauray
L'Hospitalet
Cès
St-M
Lanot
Eyre
Garot
La Coste
Le Frayot
Vieux-Lugo
Graoux
Cavernes
Béliet
Belin-Béliet
La Bertine
Rouquet
Haudoua
Hillan
Les Arroudeys
Mons
Joué
Quartier
Camontès
L'Ambéliet
Retis
Marian
Le Puch
Boutox
Le Meynieu
Nigon
Craste de la Mounarde
Peyrin
Lilaire
Capsus
Le Muret
Saugnacq-et-Muret
Biganon
Bidaou
La Crabette
Mirador
Lesquire
A 63
E 5
E 70
D 1010
D 108
D 5
D 3
D 110
D 110E1
D 110E2
D 110E5
D 108E3
D 216E1
D 108E2
D 5E6
D 111
D 3E15
D 348
D 134
D 20E

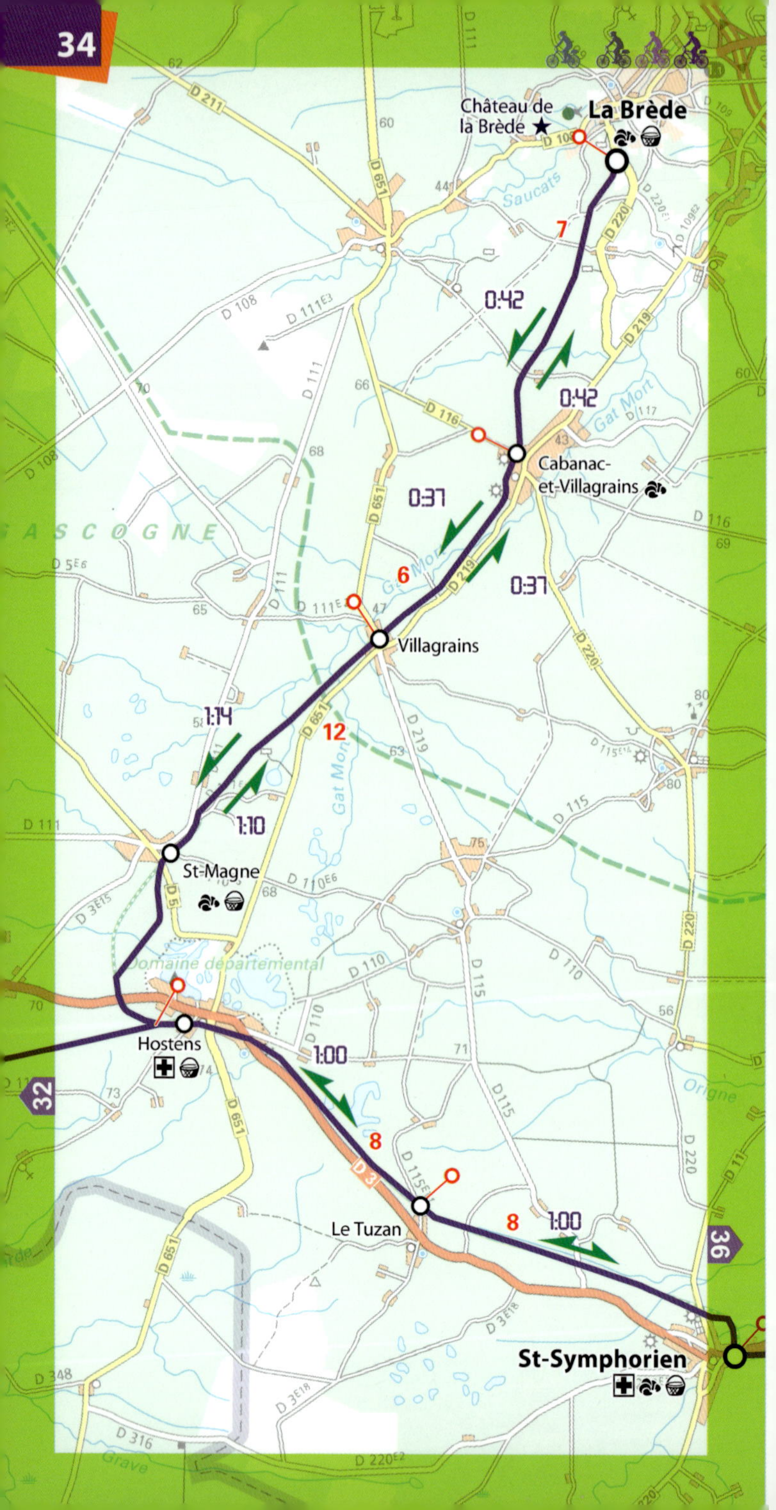

Château de la Brède
La Brède
Saucats
7
0:42
0:42
Gat Mort
Cabanac-et-Villagrains
0:37
6
0:37
G A S C O G N E
Villagrains
1:14
12
1:10
St-Magne
Domaine départemental
Hostens
1:00
32
8
Le Tuzan
8
1:00
36
St-Symphorien
Origne
Grave

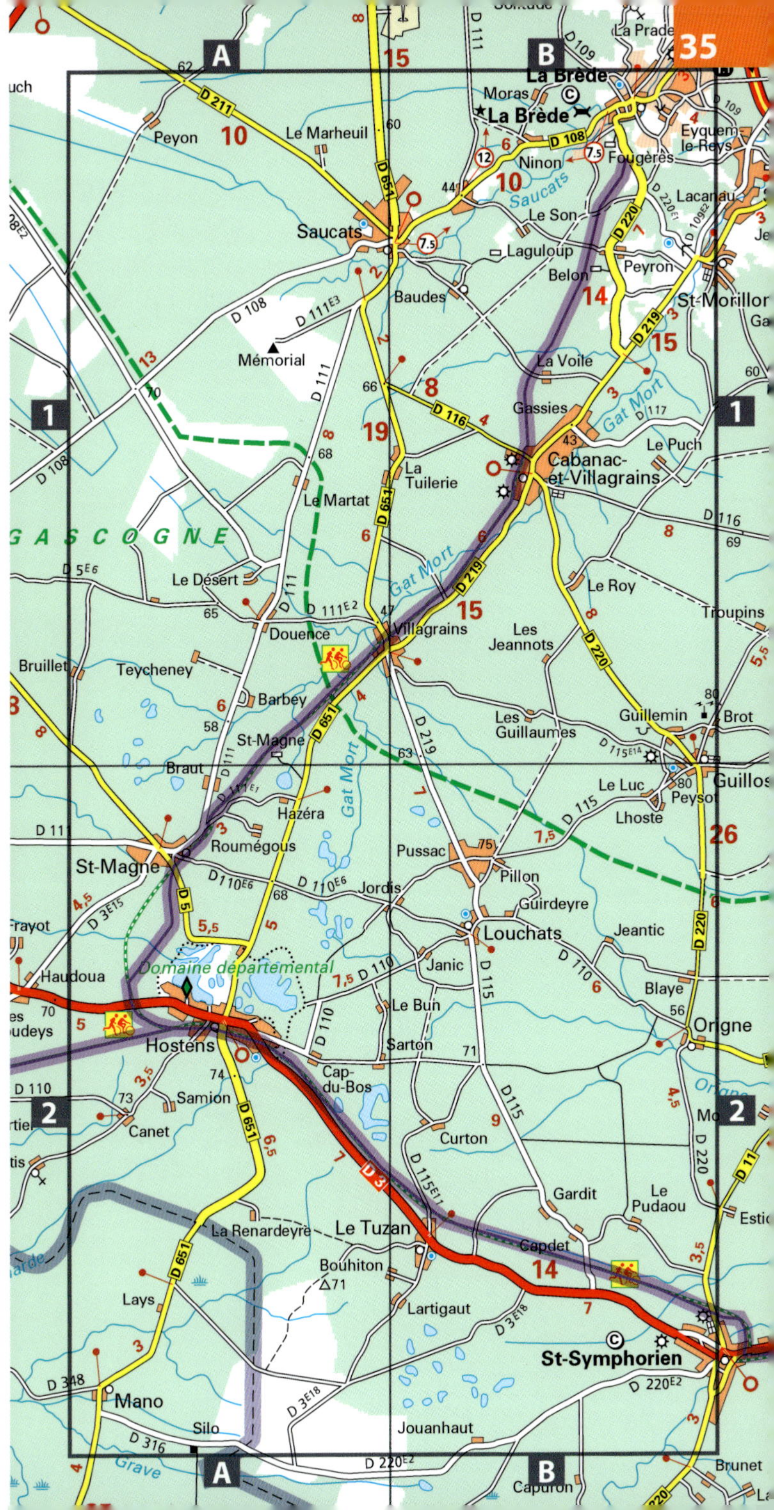

A
B
1
2
La Prade
La Brède
Moras
La Brède
Eyquem-le-Reys
Ninon
Fougères
Peyon
Le Marheuil
Saucats
Saucats
Le Son
Laguloup
Lacanau
Belon
Peyron
Baudes
St-Morillon
Mémorial
La Voile
Gassies
Gat Mort
Cabanac-et-Villagrains
Le Puch
La Tuilerie
Le Martat
GASCOGNE
Le Désert
Douence
Villagrains
Gat Mort
Les Jeannots
Le Roy
Troupins
Bruillet
Teycheney
Barbey
St-Magne
Les Guillaumes
Guillemin
Brot
Braut
Hazéra
Gat Mort
Le Luc
Peysot
Guillos
Lhoste
Roumégous
Pussac
Pillon
St-Magne
Jordis
Guirdeyre
Louchats
Jeantic
Frayot
Haudoua
Domaine départemental
Janic
Blaye
Le Bun
Origne
Hostens
Sarton
Cap-du-Bos
Samion
Canet
Curton
Gardit
Le Pudaou
La Renardeyre
Le Tuzan
Capdet
Bouhiton
Lays
Lartigaut
St-Symphorien
Mano
Silo
Jouanhaut
Grave
Brunet
Capuron
D 211
D 651
D 108
D 109
D 111
D 111E3
D 116
D 117
D 219
D 220
D 220E1
D 5E6
D 111E2
D 115E1
D 110E6
D 3E15
D 5
D 110
D 115
D 115E11
D 3
D 3E18
D 348
D 316
D 220E2
D 11

36

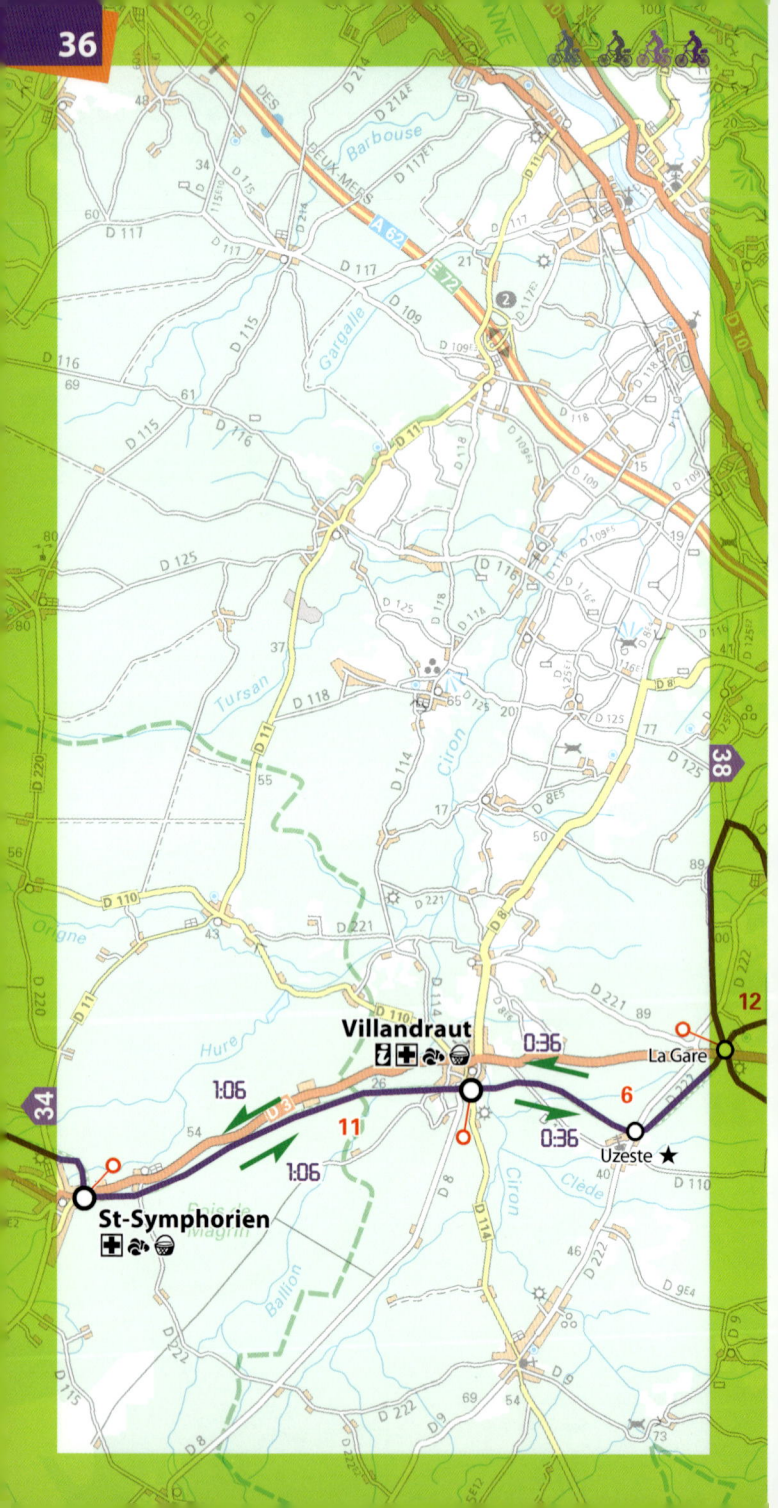

Villandraut
1:06
0:36
11
1:06
0:36
34
St-Symphorien
La Gare
6
Uzeste
12
38

A
B
1
2
14
11
26
17
Lacanau
St-Selve
Jeansotte
Garingail
Sarransot
Les Landes
St-Morillon
Gaillardas
Grenade
Carjuzan
Virelade
Rions
Podensac
Barbouse
Brouquet
Puy-de-Cornac
Laroque
Beguey
Cadillac
Cérons
Barrouil
Expert
Le Merle
St-Michel-de-Rieufret
Gargalle
Illats
Barsac
Le Basque
Hallet
La Sableyre
Landiras
Troupins
Artigues
Climens
La Pinesse
Mareuil
Les Arrougeys
Pujols-sur-Ciron
Menon
Brot
Bastor
Lamontagne
Suduiraut
Arrancon
Maron
Pinguet
Menaut
Bommes
Guillos
Peysot
Batsères
Mouyet
Éle de Viticulture
Yquem
Rieussec
Paulin
La Tour Blanche
Le Pajot
Fargues
Tursan
Budos
Sauternes
Filhot
Bernadet
Les Parages
Léogeats
Nautet
Brouquet
Laulan
Cameillac
Senses
Manhot
Origne
Peyrebernède
La Saubotte
Roaillan
Balizac
Lesbordes
Castigues
Noaillan
Mouliey
Triscos
Pinot
La Fournière
Pirec
Biton
La Ferrière
Mahon
Targos
Villandraut
Hure
Estiou
La Burthe
Mouréou
Uzeste
Privaillet
St-Léger-de-Balson
Bois de Magrin
Clède
Labardin
Lignan-de-Bazas
Taris
Ciron
Ballion
Villemegea
Au Ros
La Trave
Brunet
Lassus
Lacal
Arrode
Préchac
Gorges
La Bastide
Peyredieu
Cazeneuve
La Salle
Luas
Les Gillets
L'Abeilley
Bourideys
Merrein
Bernos
A 62
E 72
D 11
D 3
D 8
D 110
D 114
D 220
D 115
D 116
D 117
D 125
D 118
D 109
D 221
D 222
D 10

38

Castets-en-Dorthe

1:12
Roaillan
1:12
Château de Roquetaillade ★ ★
Le Nizan
12
La Gare
0:26
0:29
5
Bazas ★

A
B
1
2
Monastère
St-Pierre-de-Bat
Chau Benauge
Castelv
Le Bizoc
Donzac
Monpezat
Gornac
Palay
Beguey
Omet
Mourens
Le Tauzin
Ricaud
Terrey-de-Castel
Cadillac
Le Cheval Blanc
St-Martial
St-Laurent-du-Bois
Loupiac
La Martingue
St-Exupéry
Monprimblanc
St-Germain-de-Grave
Pitchat
Lamothe
Le Grd Housteau
St-Laurent-du-Plan
Faugas
Gabarnac
Semens
St-André-du-Bois
Morizè
Ste-Croix-du-Mont
Malromé
Ste-Foy-la-Longue
Le Peyrat
Labat
La Laurence
Le Tucot
Verdelais
Pas
Pinesse
Le Pian-sur-Garonne
St-Georges
Casseuil
Preignac
St-Martin-de-Sescas
Musée
Le Maine
Caudrot
Pignot
St-Maixant
Malle
Dutoya
Barie
St-Pierre-d'Aurillac
St-Loubert
Toulenne
Le Carrouet
Suduiraut
St-Macaire
Arrancon
St-Pardon-de-Conques
Castets-en-Dorthe
Mazerac
Puyb
Rieussec
St-Pierre-de-Mons
Castillon-de-Castets
Langon
Bieujac
Fargues
Les Garres
Chau
Respide
Les Claveries
A 62
E 72
Brannens
Savigna
Abbe du Rivet
Campech
Senses
St-Germain
Auros
Mazères
Coimères
Roaillan
La Peyrère
Roquetaillade
Brouqueyran
Berthez
Le Nizan
Mirail
Cazats
Lados
Aubiac
La Gare
Gans
Poussignac
Beuve
Trazits
Mitton
Gajac
Lignan-de-Bazas
St-Côme
Bazas
Bassanne
Birac
Sendets
Matha
Bijoux
Marimbault
Gadine
Pompéjac
Sauviac
La Salle
St-Clément
Les Gillets
Libet
Cudos
Lavazan
Bernos-Beaulac
Marions
Brion
N 524
A 65
D 10
D 1113
D 672
D 3
D 9
D 655
D 70
GR6

40

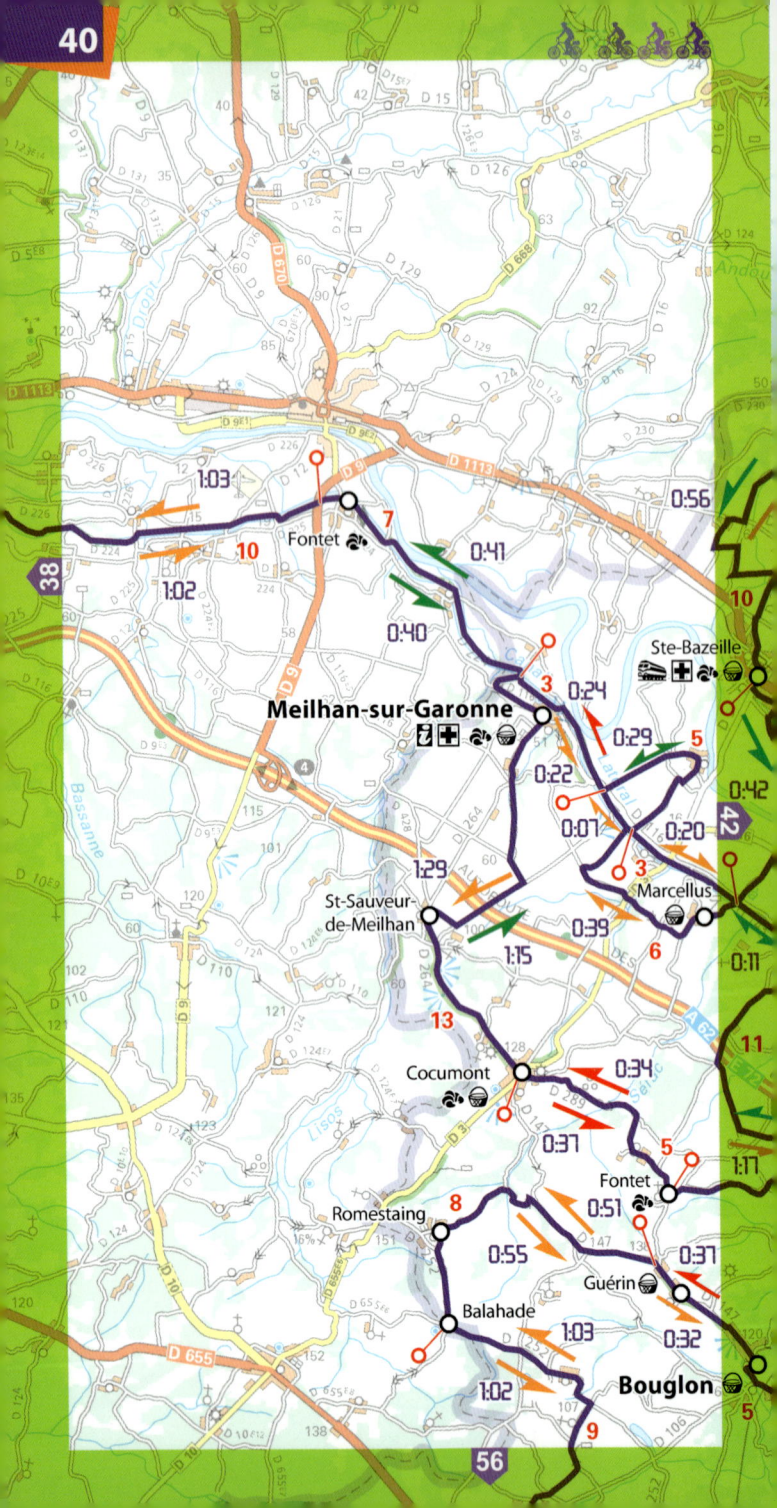

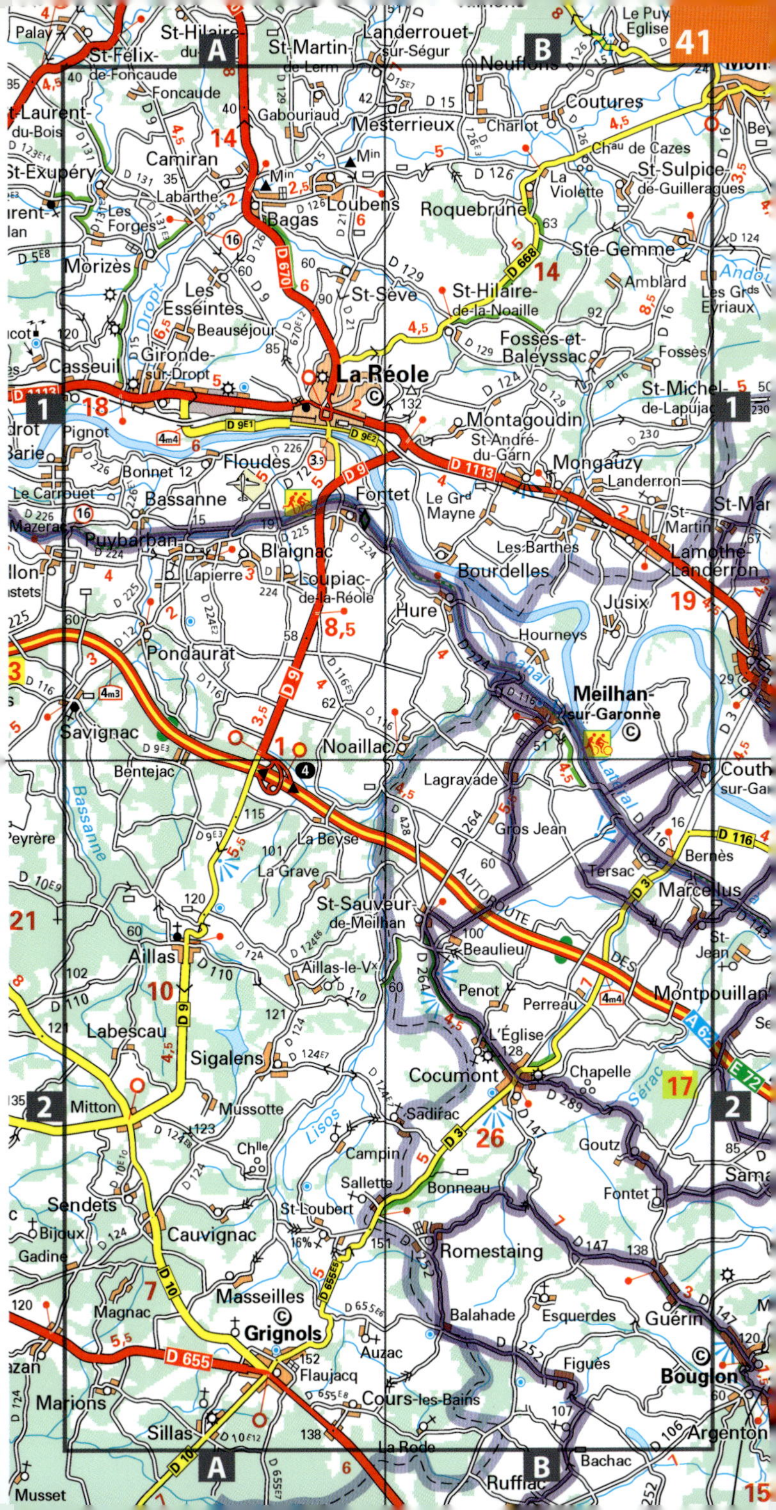
A
B
1
2
Palay
St-Félix-de-Foncaude
St-Hilaire-du-
St-Martin-de-Lerm
Landerrouet-sur-Ségur
Neuffons
Le Puy
Eglise
Foncaude
Gabouriaud
Mesterrieux
Charlot
Coutures
Chau de Cazes
St-Laurent-du-Bois
St-Exupéry
Camiran
Labarthe
Bagas
Loubens
Roquebrune
La Violette
St-Sulpice-de-Guilleragues
Les Forges
Morizès
Les Esseintes
St-Sève
St-Hilaire-de-la-Noaille
Ste-Gemme
Amblard
Les Grds Eyriaux
Andou
Beauséjour
Fosses-et-Baleyssac
Fossès
Casseuil
Gironde-sur-Dropt
Dropt
La Réole
Montagoudin
St-Michel-de-Lapujade
Pignot
Floudès
Bonnet
St-André-du-Garn
Mongauzy
Landerron
Le Carpouet
Bassanne
Fontet
Le Grd Mayne
St-Martin
St-Mar
Mazerac
Puybarban
Blaignac
Loupiac-de-la-Réole
Les Barthes
Bourdelles
Lamothe-Landerron
Lapierre
Hure
Jusix
Hourneys
Pondaurat
Canal
Meilhan-sur-Garonne
Savignac
Noaillac
Bentejac
Lagravade
Couthures-sur-Garonne
Latéral
Bassanne
Gros Jean
Bernès
La Beyse
La Grave
Tersac
Marcellus
Peyrère
St-Sauveur-de-Meilhan
AUTOROUTE DES
St-Jean
Aillas
Aillas-le-Vx
Beaulieu
Penot
Perreau
Montpouillan
Labescau
Sigalens
L'Église
Cocumont
Chapelle
Sérac
Mitton
Mussotte
Sadirac
Chlle
Lisos
Campin
Goutz
Sallette
Bonneau
Sendets
St-Loubert
Fontet
Bijoux
Gadine
Cauvignac
Romestaing
Magnac
Masseilles
Grignols
Balahade
Esquerdes
Guérin
Auzac
Figuès
Flaujacq
Bouglon
Marions
Cours-les-Bains
Sillas
La Rode
Argenton
Musset
Rufflac
Bachac
D 1113
D 9
D 670
D 668
D 655
D 10
D 3
D 116
A 62
E 72
D 224
D 264
D 147
D 252
D 129
D 126
D 124
D 110

42

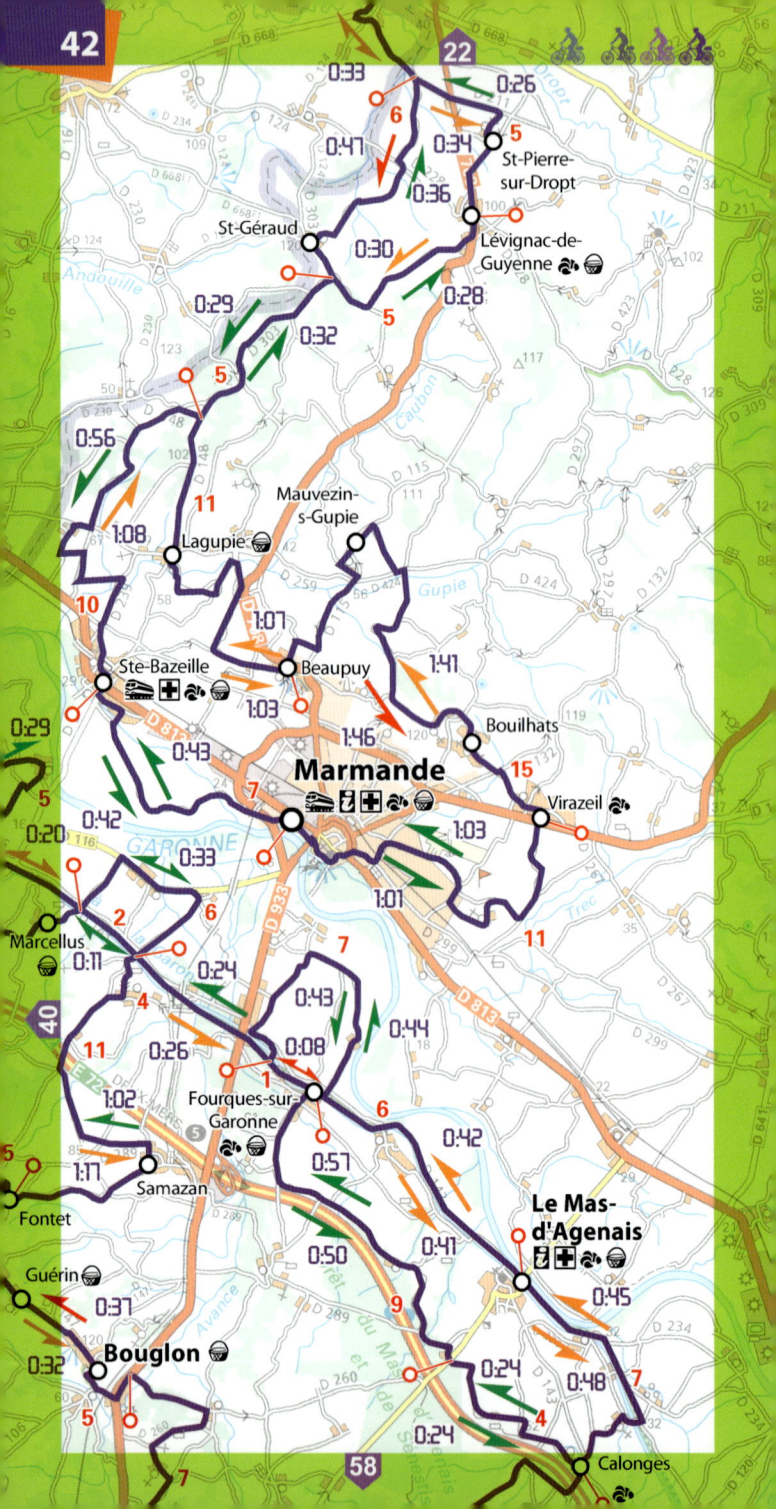

St-Pierre-sur-Dropt
St-Géraud
Lévignac-de-Guyenne
Mauvezin-s-Gupie
Lagupie
Beaupuy
Ste-Bazeille
Bouilhats
Marmande
Virazeil
Marcellus
Fourques-sur-Garonne
Samazan
Fontet
Le Mas-d'Agenais
Guérin
Bouglon
Calonges

0:33 0:26 0:34 0:47 0:36 0:30 0:29 0:32 0:28 0:56 1:08 1:07 1:41 1:03 1:46 1:03 0:43 0:42 0:33 0:29 0:20 0:11 0:24 0:43 0:44 0:08 0:26 1:01 1:02 1:17 0:57 0:42 0:50 0:41 0:45 0:37 0:32 0:24 0:48 0:24

6 5 5 5 11 10 7 15 2 6 7 4 11 1 6 5 9 4 7

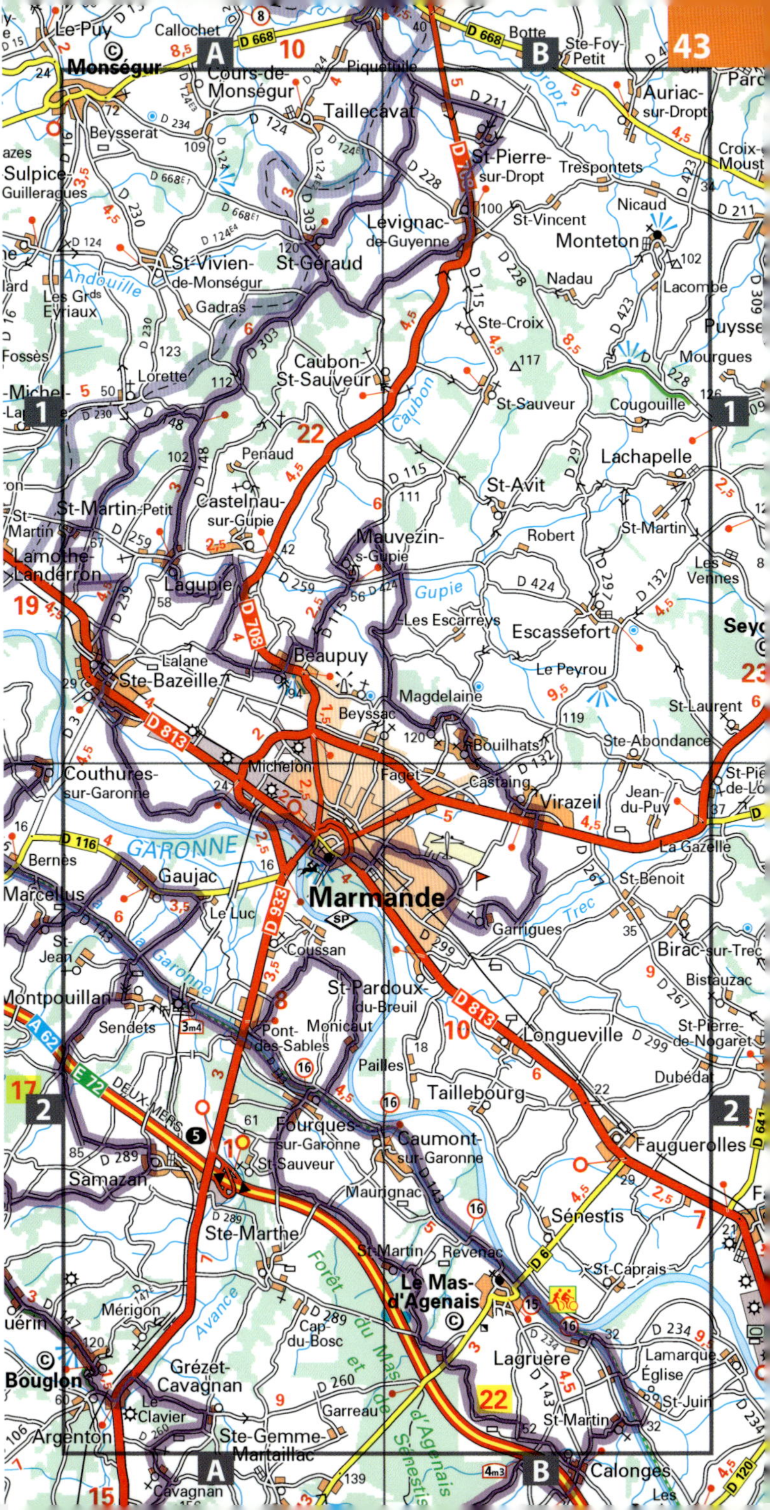
A
B
1
2
Le Puy
Callochet
Monségur
Cours-de-Monségur
Piquetuile
Botte
Ste-Foy-Petit
Dropt
Auriac-sur-Dropt
Taillecavat
Beysserat
St-Pierre-sur-Dropt
Trespontets
Croix-de-Moust
Sulpice-Guilleragues
Lévignac-de-Guyenne
St-Vincent
Nicaud
Monteton
St-Vivien-de-Monségur
St-Géraud
Nadau
Lacombe
Andouille
Les Grds Eyriaux
Gadras
Ste-Croix
Puysse
Fossès
Lorette
Caubon-St-Sauveur
Mourgues
Michel
St-Sauveur
Cougouille
Caubon
Penaud
Lachapelle
St-Avit
Castelnau-sur-Gupie
St-Martin-Petit
Robert
St-Martin
Lamothe-Landerron
Mauvezin-s-Gupie
Les Vennes
Lagupie
Gupie
Les Escarreys
Escassefort
Seyc
Lalane
Beaupuy
Le Peyrou
Ste-Bazeille
Magdelaine
St-Laurent
Beyssac
Bouilhats
Ste-Abondance
Couthures-sur-Garonne
Michelon
Faget
Castaing
Virazeil
Jean-du-Puy
St-Pie de-Lo
GARONNE
La Gazelle
Bernes
Gaujac
St-Benoit
Marcellus
Marmande
Le Luc
Trec
Garrigues
Birac-sur-Trec
St-Jean
Coussan
Bistauzac
la Garonne
Montpouillan
St-Pardoux-du-Breuil
St-Pierre-de-Nogaret
Sendets
Monicaut
Longueville
Pont-des-Sables
Pailles
Dubédat
DEUX-MERS
Taillebourg
Fourques-sur-Garonne
Caumont-sur-Garonne
Fauguerolles
Samazan
St-Sauveur
Mauvignac
Sénestis
Ste-Marthe
St-Martin
Revenac
St-Caprais
Forêt du Mas d'Agenais et de Sénestis
Le Mas-d'Agenais
Mérigon
Avance
Cap-du-Bosc
Lamarque
Église
Lagruère
Bouglon
Grézet-Cavagnan
St-Juin
Le Clavier
Garreau
St-Martin
Argenton
Ste-Gemme-Martaillac
Calonges
Cavagnan
Les
D 668
D 708
D 813
D 933
D 116
D 143
D 6
A 62
E 72

44

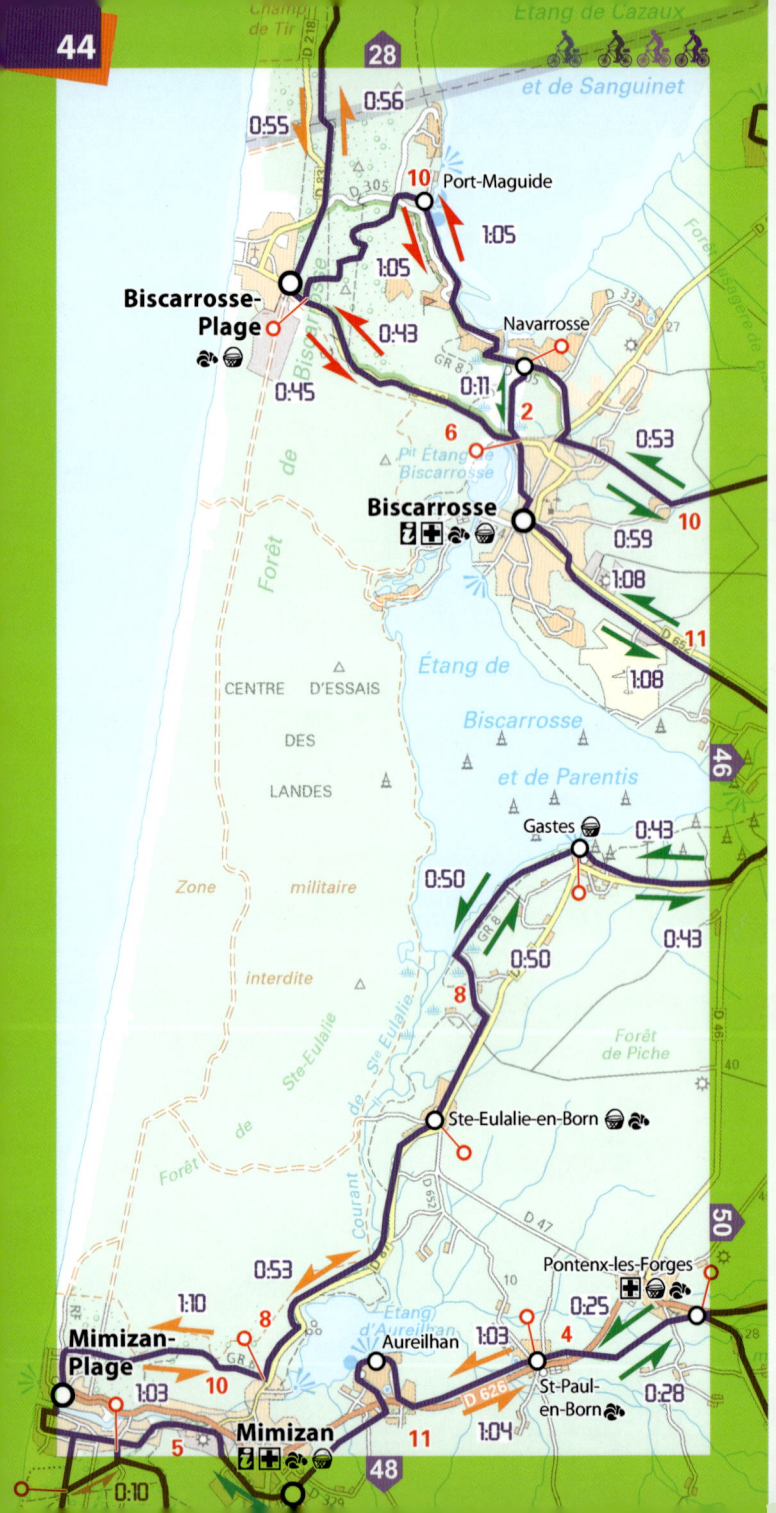

Biscarrosse-Plage

Port-Maguide

Navarrosse

Biscarrosse

Étang de Biscarrosse et de Parentis

CENTRE D'ESSAIS DES LANDES

Zone militaire interdite

Forêt de Ste-Eulalie

Gastes

Forêt de Piche

Ste-Eulalie-en-Born

Pontenx-les-Forges

Mimizan-Plage

Aureilhan

St-Paul-en-Born

Mimizan

45

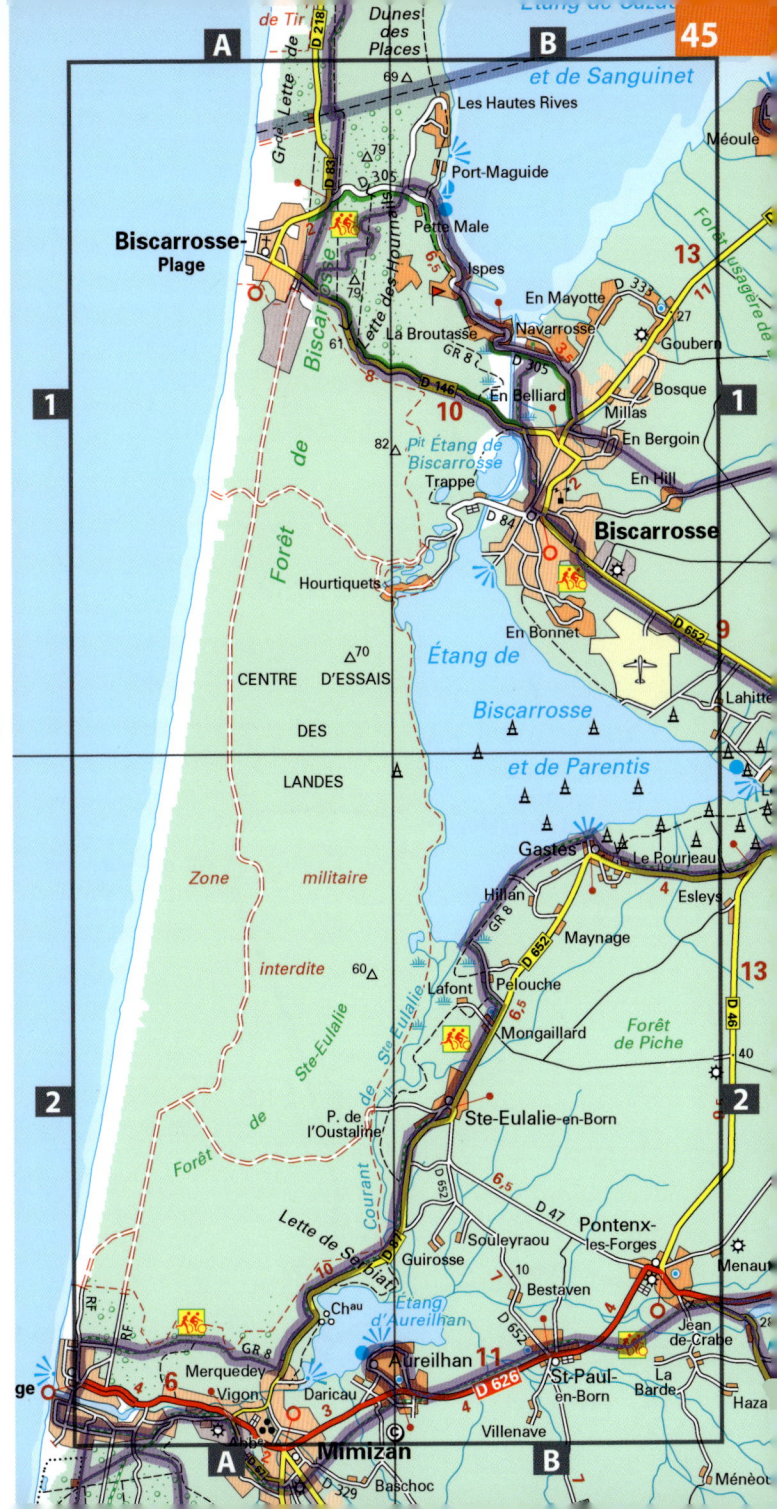

A | B

Biscarrosse-Plage

Étang de Cazaux et de Sanguinet

Dunes des Places
de Tir
Les Hautes Rives
Méoule
Port-Maguide
Petite Male
Ispes
En Mayotte
La Broutasse
Navarrosse
Goubern
En Belliard
Bosque
Millas
Étang de Biscarrosse
En Bergoin
Trappe
En Hill
Biscarrosse
Hourtiquets
En Bonnet
Étang de Biscarrosse et de Parentis
Lahitte
CENTRE D'ESSAIS DES LANDES
Gastes
Le Pourjeau
Hillan
Esleys
Maynage
Zone militaire interdite
Lafont
Pélouche
Mongaillard
Forêt de Piche
Forêt de Ste-Eulalie
P. de l'Oustalime
Ste-Eulalie-en-Born
Pontenx-les-Forges
Lette de Sepbiat
Souleyraou
Menau
Guirosse
Bestaven
Merquedey
Chau d'Aureilhan
Jean de Crabe
Vigon
Daricau
Aureilhan
St-Paul-en-Born
La Barde
Haza
Mimizan
Villenave
Baschoc
Ménéou

Forêt de Ste-Eulalie

1
2

13
9
13
2

10
11

46

Sanguinet
- 8
- 0:53
- Le Clerc
- 0:39
- 0:37
- Narp
- 6
- 16
- 1:33
- 1:34
- 44
- 0:53
- 10
- 11
- 1:08
- 1:08
- 44
- 0:43
- 0:54
- Parentis-en-Born
- 0:57
- 9
- Ychoux
- 7
- 0:43
- 11
- 1:06
- 1:05
- 50
- 1:03
- 0:51
- 10
- Pontenx-les-Forges
- Lüe
- 1:03
- 50

Map 47 — Parentis-en-Born area

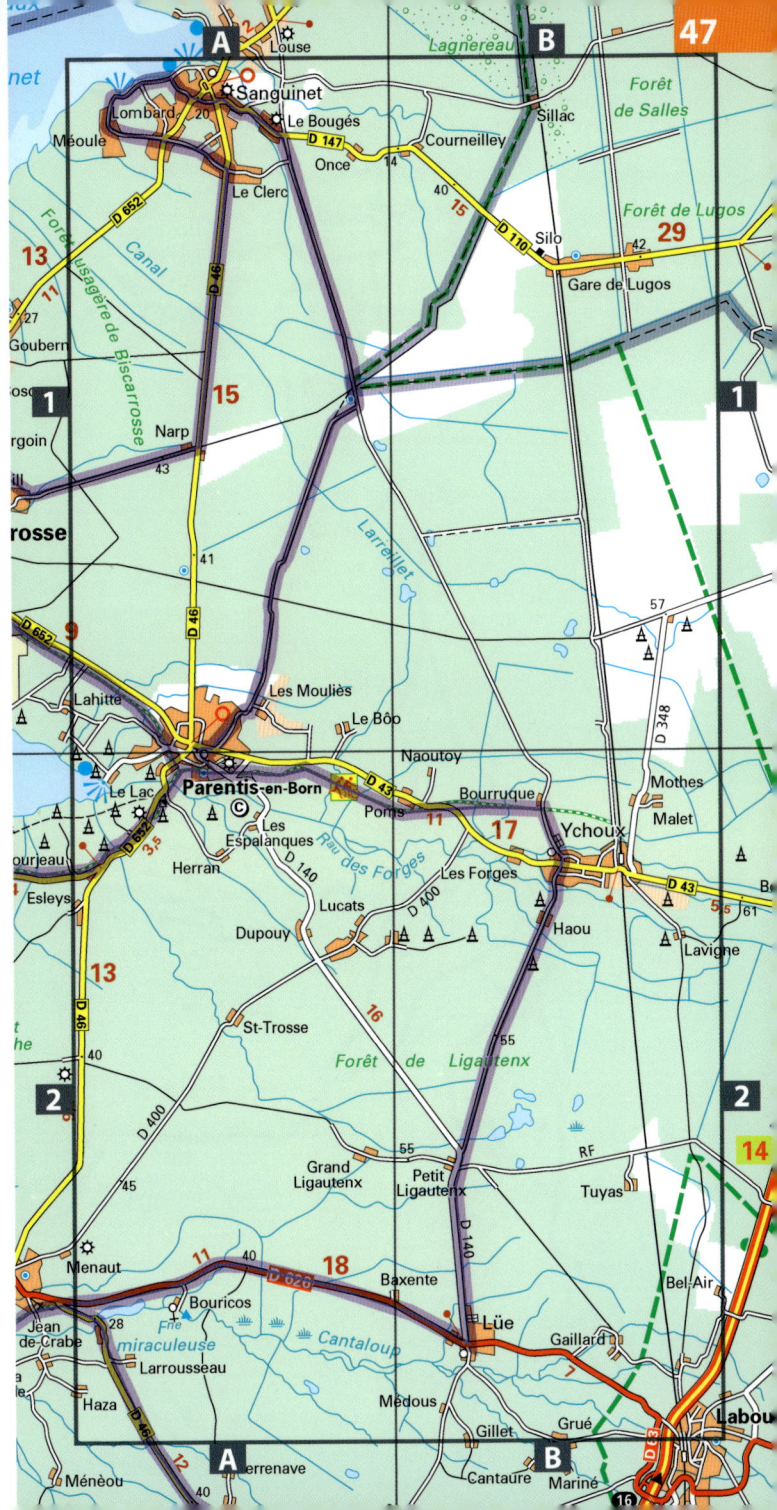

Locations visible on map:
- Sanguinet, Louse, Lombard, Méoule, Le Bougès, Le Clerc, Once, Courneilley, Sillac, Forêt de Salles
- Forêt usagère de Biscarrosse, Canal, Goubern, Silo, Gare de Lugos, Forêt de Lugos
- Narp, Larreilet
- Lahitte, Le Lac, Parentis-en-Born, Les Mouliès, Le Bôo, Naoutoy, Bourruque, Mothes, Malet
- Esleys, Les Espalanques, Herran, Poms, Les Forges, Ychoux, Haou, Lavigne
- Dupouy, Lucats, St-Trosse, Forêt de Ligautenx
- Grand Ligautenx, Petit Ligautenx, Tuyas, RF
- Menaut, Bouricos, Fne miraculeuse, Baxente, Lüe, Bel-Air
- Jean de-Crabe, Larrousseau, Cantaloup, Gaillard
- Haza, Ménéou, errenave, Médous, Gillet, Grué, Cantaure, Mariné, Labou

Roads: D 652, D 46, D 147, D 110, D 43, D 348, D 140, D 400, D 626, D 3

Numbers shown: 13, 11, 15, 29, 1, 9, 3,5, 13, 2, 14, 11, 17, 5, 16, 18, 28, 12, 40, 41, 42, 43, 45, 55, 57, 61, 47

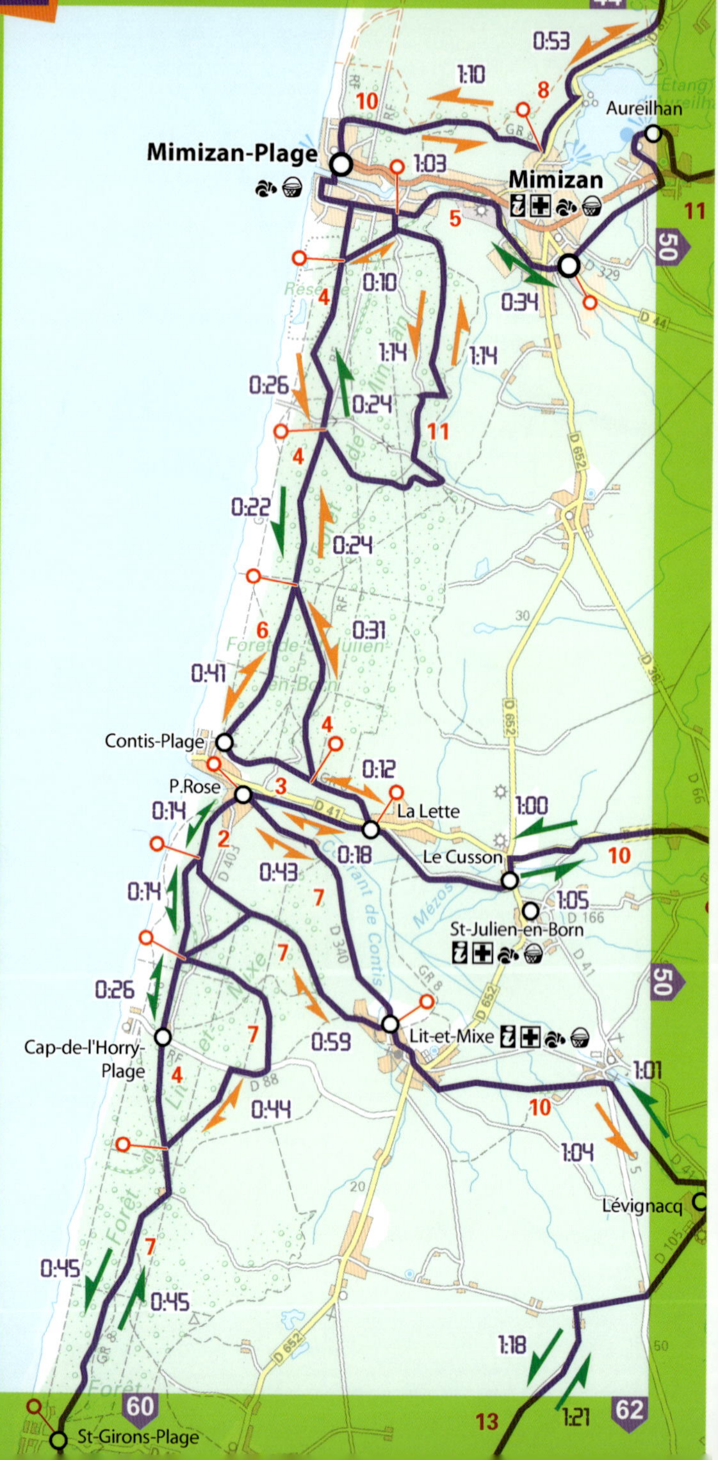
44
0:53
1:10
8
10
Aureilhan
Mimizan-Plage
1:03
Mimizan
11
5
50
0:10
4
0:34
1:14
1:14
0:26
0:24
11
4
0:22
0:24
6
0:31
Forêt de St-Julien-en-Born
0:41
4
Contis-Plage
0:12
P.Rose
3
La Lette
1:00
0:14
2
0:18
Le Cusson
10
0:43
0:14
7
1:05
St-Julien-en-Born
7
0:26
50
7
0:59
Lit-et-Mixe
Cap-de-l'Horry-Plage
4
1:01
0:44
10
1:04
Lévignacq
7
0:45
0:45
1:18
60
62
13
1:21
St-Girons-Plage

49

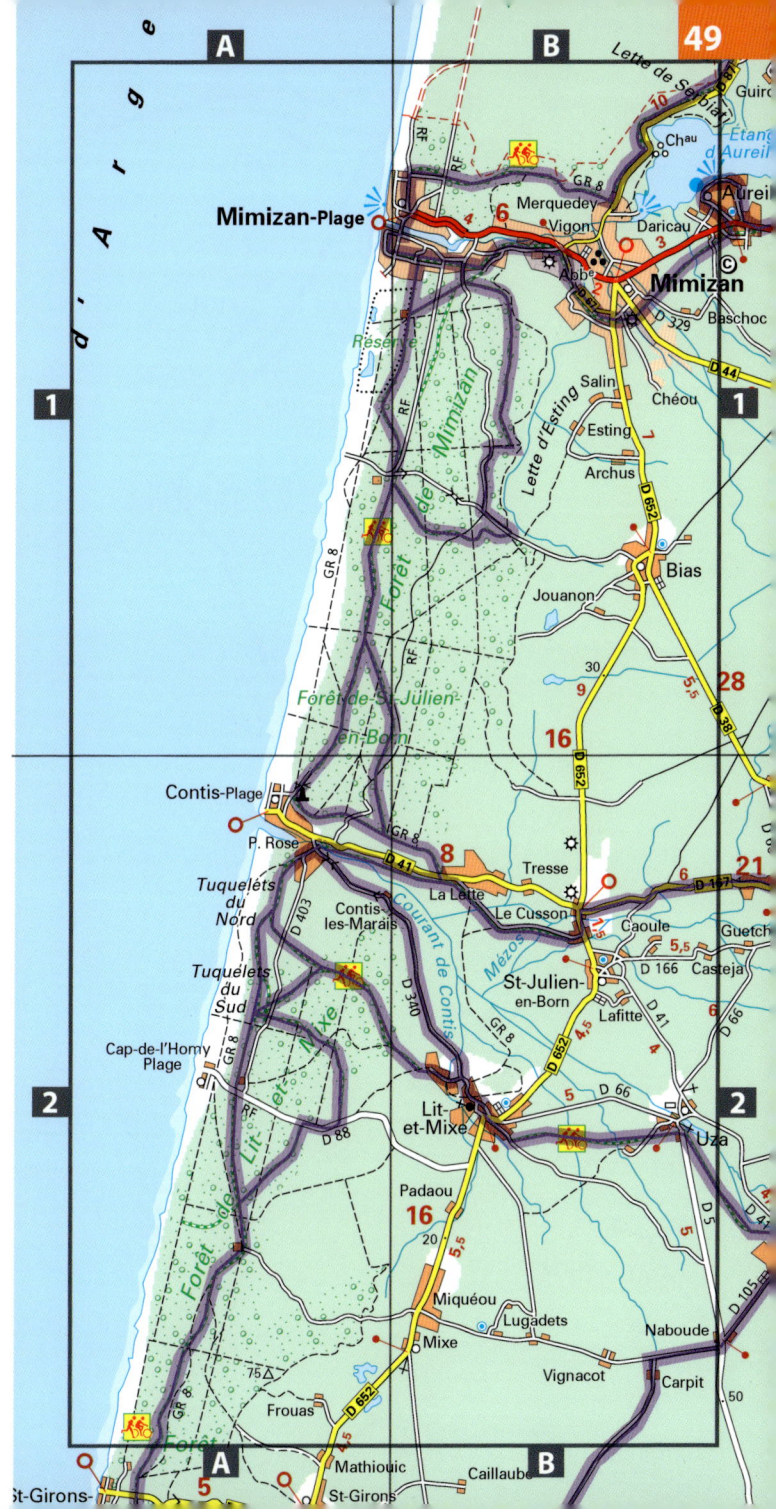

Mimizan-Plage
Merquedey
Vigon
Abbé
Aurei
Chau d'Aureil
Guiro
Lette de Sa...
Daricau
Mimizan
Baschoc
Chéou
Salin
Esting
Archus
Lette d'Esting
Forêt de Mimizan
Réserve
Bias
Jouanon
Forêt de St-Julien-en-Born
Contis-Plage
P. Rose
Tuquelets du Nord
Contis-les-Marais
Tuquelets du Sud
Cap-de-l'Homy Plage
Forêt de Lit-et-Mixe
La Lette
Courant de Contis
Tresse
Le Cusson
Caoule
Guetch
Casteja
D 166
Mézos
St-Julien-en-Born
Lafitte
D 41
Lit-et-Mixe
D 66
Uza
Padaou
Miquéou
Lugadets
Naboude
Mixe
Vignacot
Carpit
Frouas
Forêt de St-Girons
Mathiouic
Caillaube
St-Girons

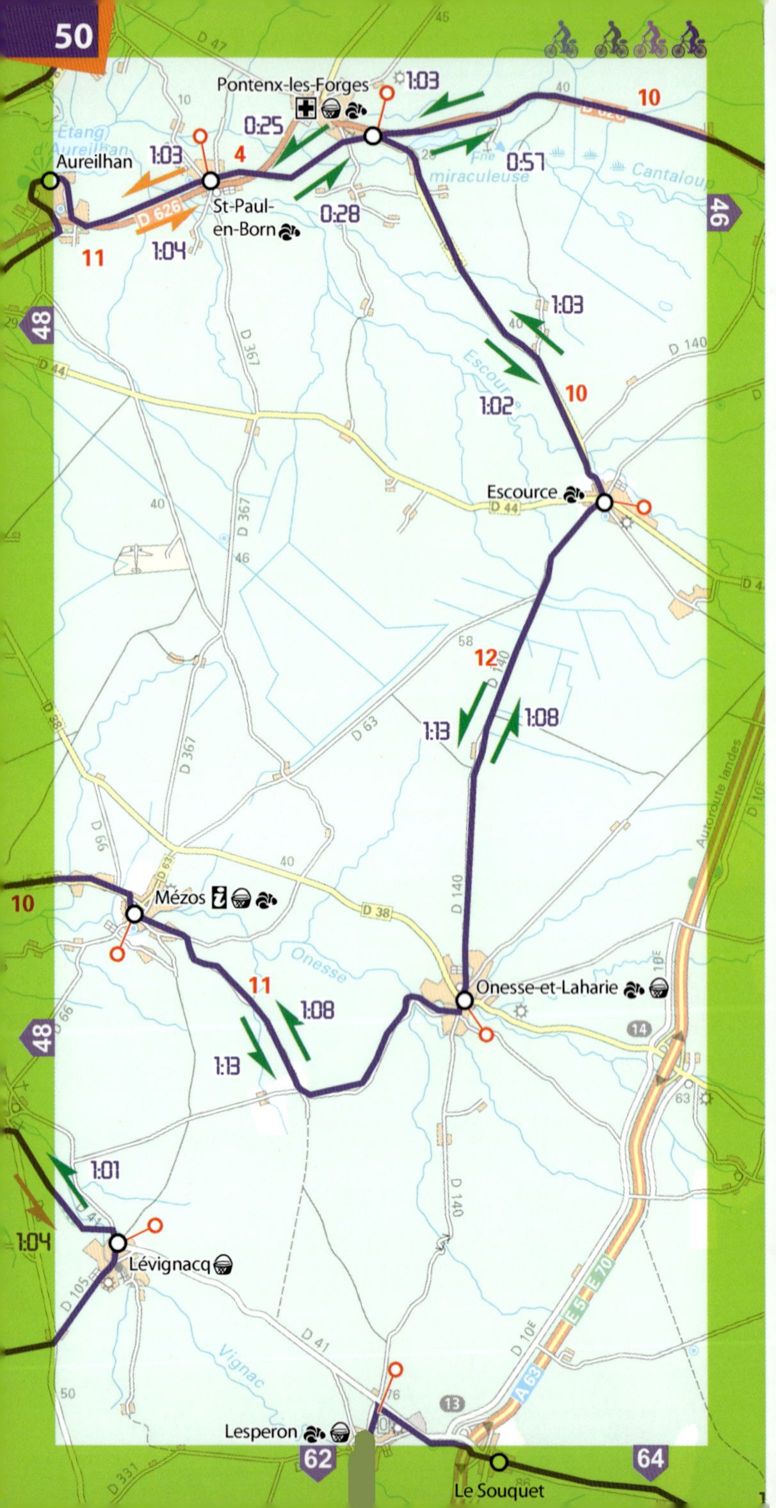
Pontenx-les-Forges
1:03
10
0:25
Aureilhan
1:03
4
St-Paul-en-Born
0:28
0:57
Fne miraculeuse
Cantaloup
D 626
1:04
11
46
48
D 44
D 367
1:03
D 140
Escource
10
1:02
Escource
D 44
12
D 140
1:13
1:08
D 63
D 38
D 367
D 66
Autoroute landes
D 10E
Mézos
10
D 38
Onesse
D 140
Onesse-et-Laharie
11
1:08
1:13
48
D 66
14
63
1:01
1:04
Lévignacq
D 105
D 41
D 140
E 5
E 70
Vignac
D 10E
A 63
13
76
Lesperon
62
64
Le Souquet
D 331
D 47
45
40
10
50

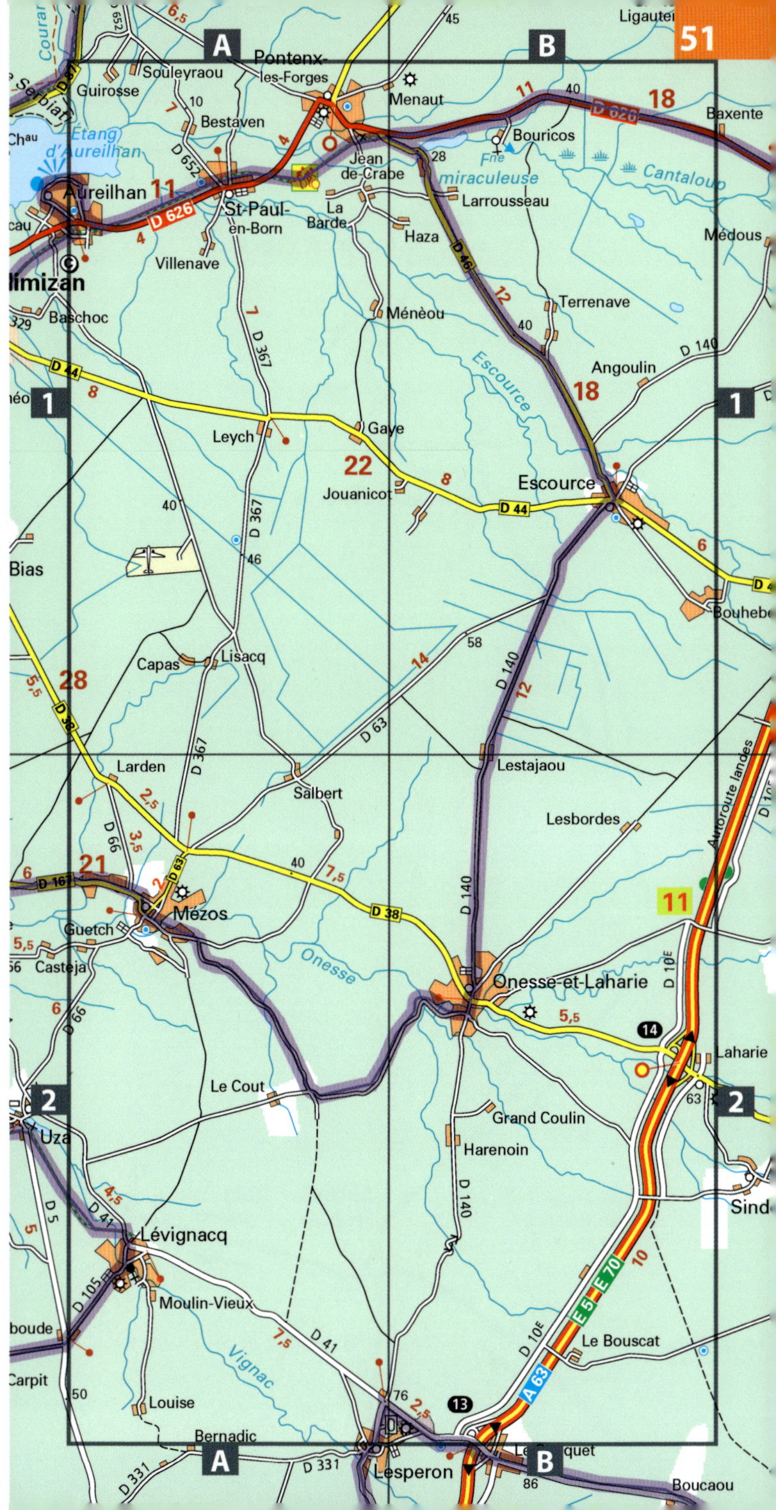

A
B
1
2
Pontenx-les-Forges
Souleyraou
Guirosse
Menaut
Ligauter
Bestaven
Étang d'Aureilhan
Bouricos
Baxente
Jean de-Crabe
Fne miraculeuse
Cantaloup
Aureilhan
St-Paul-en-Born
La Barde
Larrousseau
Haza
Médous
Villenave
Mimizan
Baschoc
Ménèou
Terrenave
Escource
Angoulin
Leych
Gaye
Jouanicot
Bias
Bouheben
Capas
Lisacq
Larden
Salbert
Lestajaou
Lesbordes
Autoroute landes
Mézos
Guetch
Casteja
Onesse
Onesse-et-Laharie
Laharie
Le Cout
Grand Coulin
Harenoin
Uza
Lévignacq
Moulin-Vieux
Vignac
Louise
Bernadic
Carpit
Le Bouscat
Lesperon
Boucaou
D 626
D 652
D 44
D 46
D 367
D 140
D 63
D 38
D 167
D 66
D 41
D 5
D 105
D 331
D 10E
A 63
E 5
E 70

52

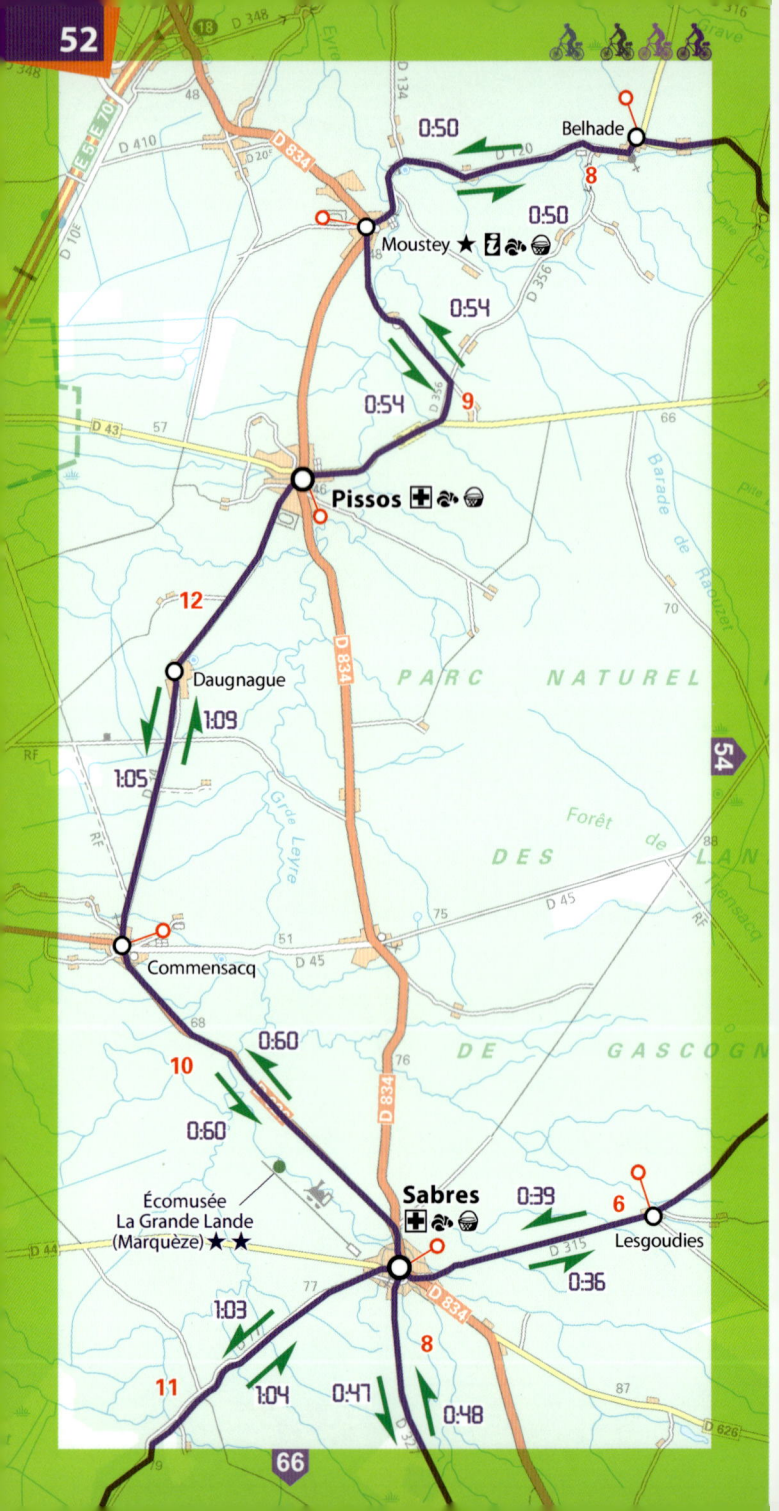

Belhade

0:50
0:50
8

Moustey ★

0:54
0:54
9

Pissos ✚

12

Daugnague
1:09
1:05

Commensacq

10
0:60
0:60

Écomusée
La Grande Lande
(Marquèze) ★★

Sabres ✚
0:39
0:36
6 Lesgoudies

8
1:03
1:04 0:47 0:48
11

66

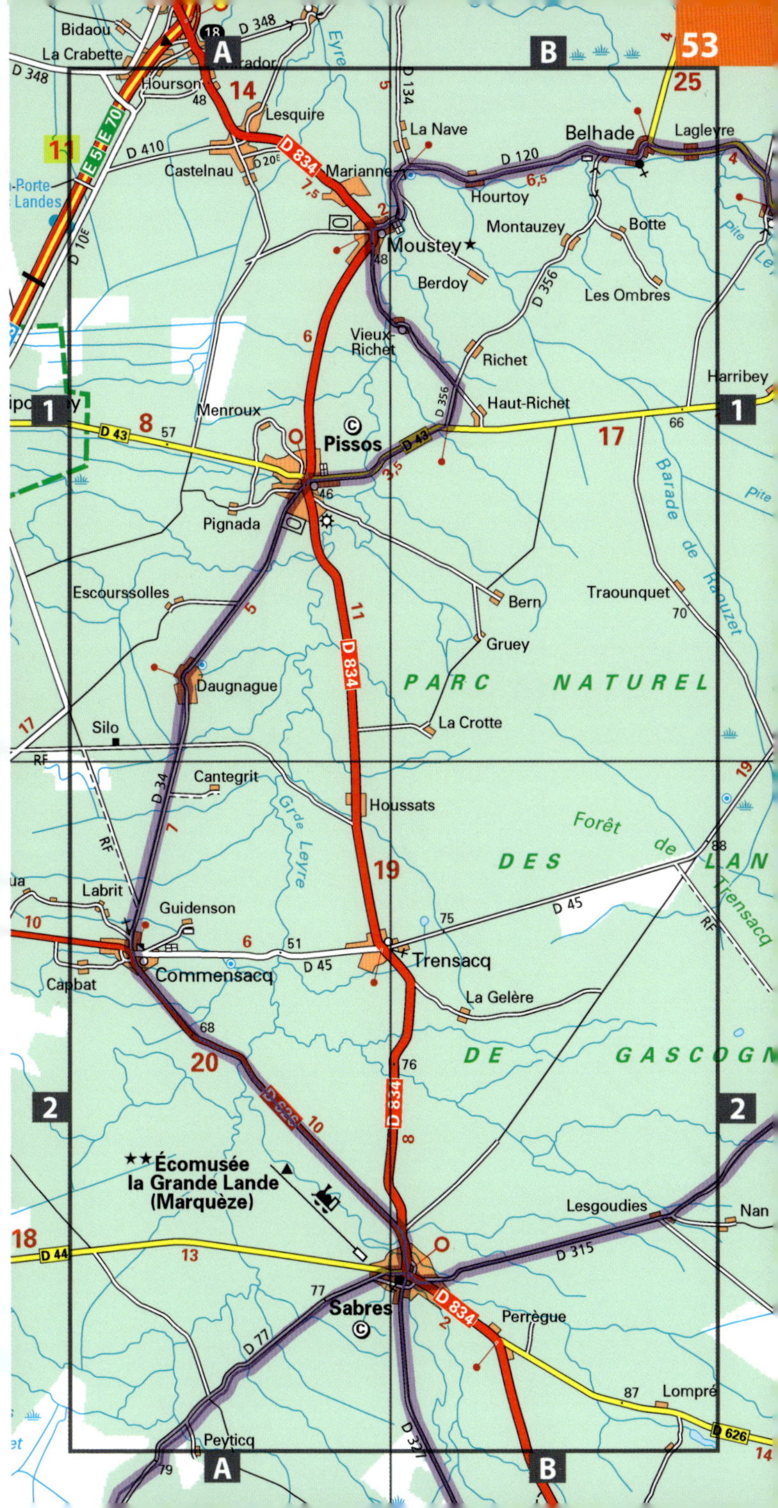
Bidaou
La Crabette
D 348
Hourson
Mirador
Lesquire
Castelnau
D 410
D 20E
D 834
Marianne
Moustey
Berdoy
La Nave
D 134
Belhade
Laglevre
D 120
Hourtoy
Montauzey
Botte
Les Ombres
D 356
Vieux-Richet
Richet
Haut-Richet
Harribey
Menroux
Pissos
D 43
Pignada
Escourssolles
Bern
Traounquet
Barade de Rauzet
Gruey
Daugnague
PARC NATUREL
La Crotte
Silo
Cantegrit
Grde Leyre
Houssats
Forêt de Landes
DES
Tiensacq
Labrit
Guidenson
Commensacq
D 45
Trensacq
Capbat
La Gelère
DE GASCOGNE
D 626
D 34
Écomusée la Grande Lande (Marquèze)
Lesgoudies
Nan
D 44
D 315
Sabres
Perrègue
D 77
Lompré
Peyticq
D 327
E 5 - E 70

54

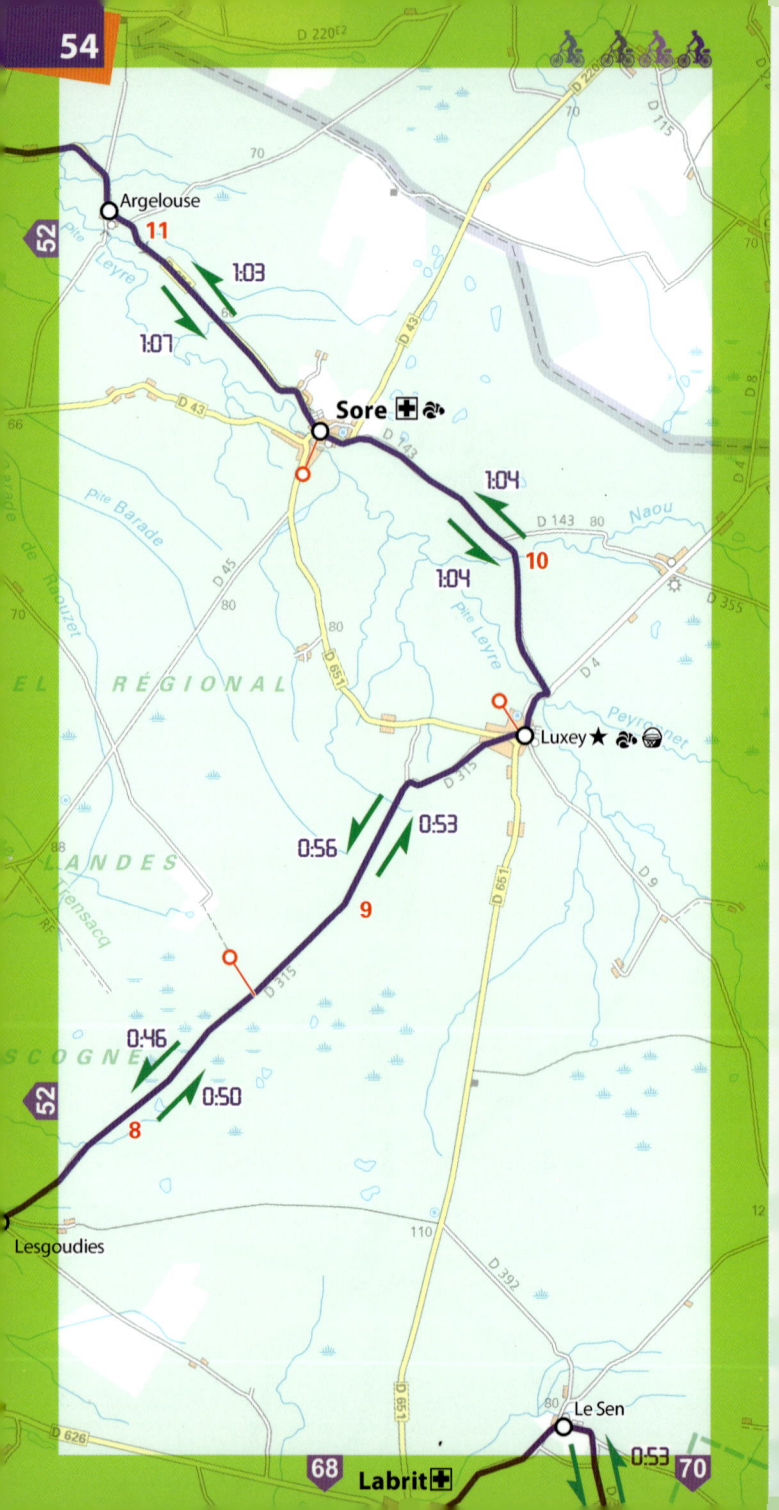

Argelouse

11
1:03
1:07

Sore

1:04
1:04
10

Luxey

0:56
0:53
9

0:46
0:50
8

Lesgoudies

Le Sen
0:53

68 Labrit
70

Map 55

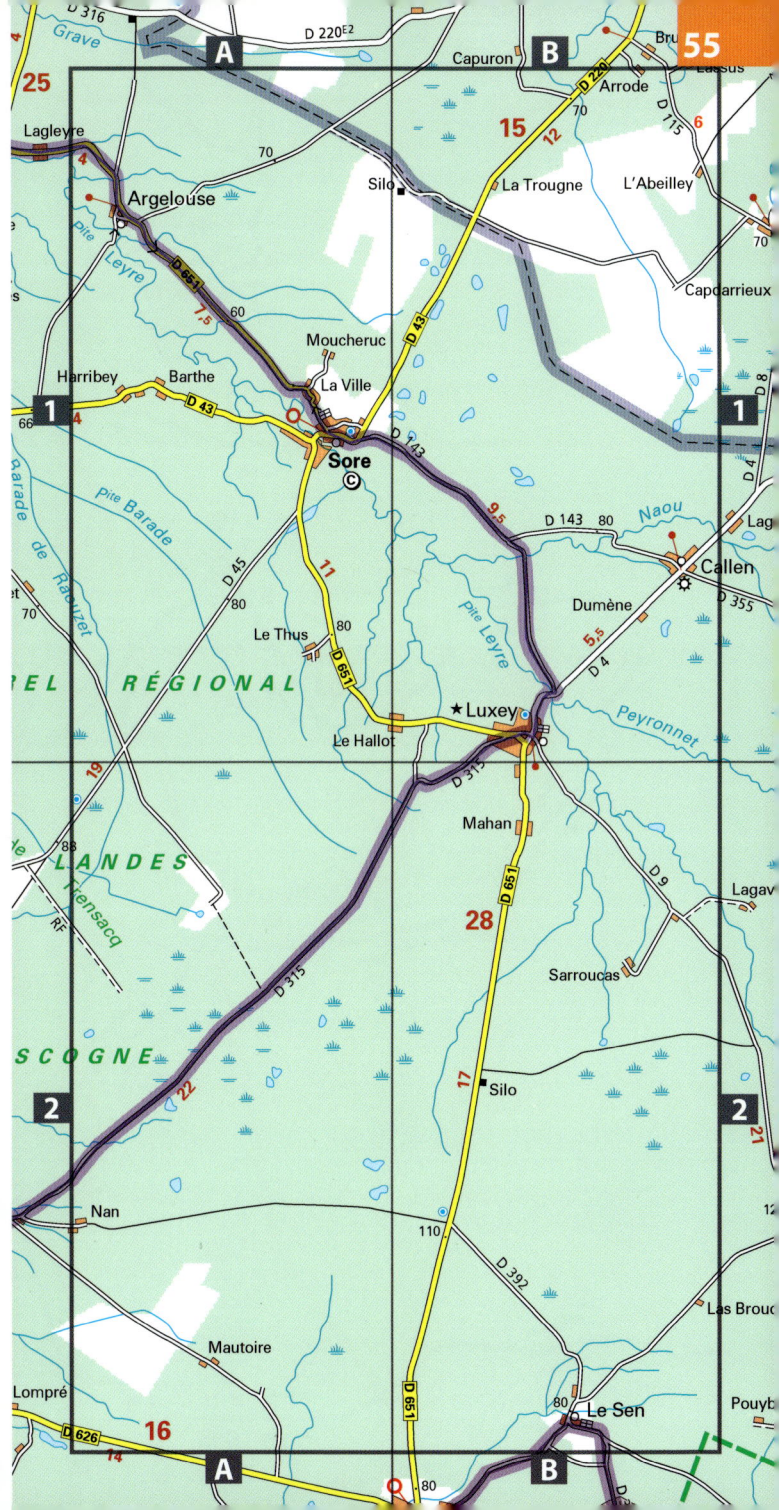

A | **B**

D 316 | D 220 E2 | Capuron | Bru | **55**
Grave | | | Arrode | Lassus
25 | | **15** 12 | D 115 **6**
Lagleyre | 70 | 70
4 | Silo | La Trougne | L'Abeilley
Argelouse | | |
D 651 | | | Capdarrieux
1.5 | 60 | Moucheruc | 70
Harribey | Barthe | La Ville | D 143 80 | Naou | D 4
1 4 | D 43 | | | | Lag **1**
66 | | Sore ©
| pte Barade | | 9.5 | D 143 80 | Callen
| | | | | D 355
| D 45 | 11 | pte Leyre | Dumène
70 | 80 | Le Thus 80 | | 5.5 | D 4
| | D 651 | | | Peyronnet
EL RÉGIONAL | | ★ Luxey
| | Le Hallot | D 315 | D 9
19 | | | | | Lagav
| | | Mahan
LANDES | | | D 651
88 | | | **28**
Gensacq | | | | Sarroucas
RF
SCOGNE | D 315 | 22
2 | | | 17 ■ Silo | **2** 21
| | | | D 392
| Nan | 110
| | | D 651
| Mautoire | | | Las Broud
Lompré | D 626 **16** | | | Le Sen | Pouyb
14 | **A** | 80 | **B**

56

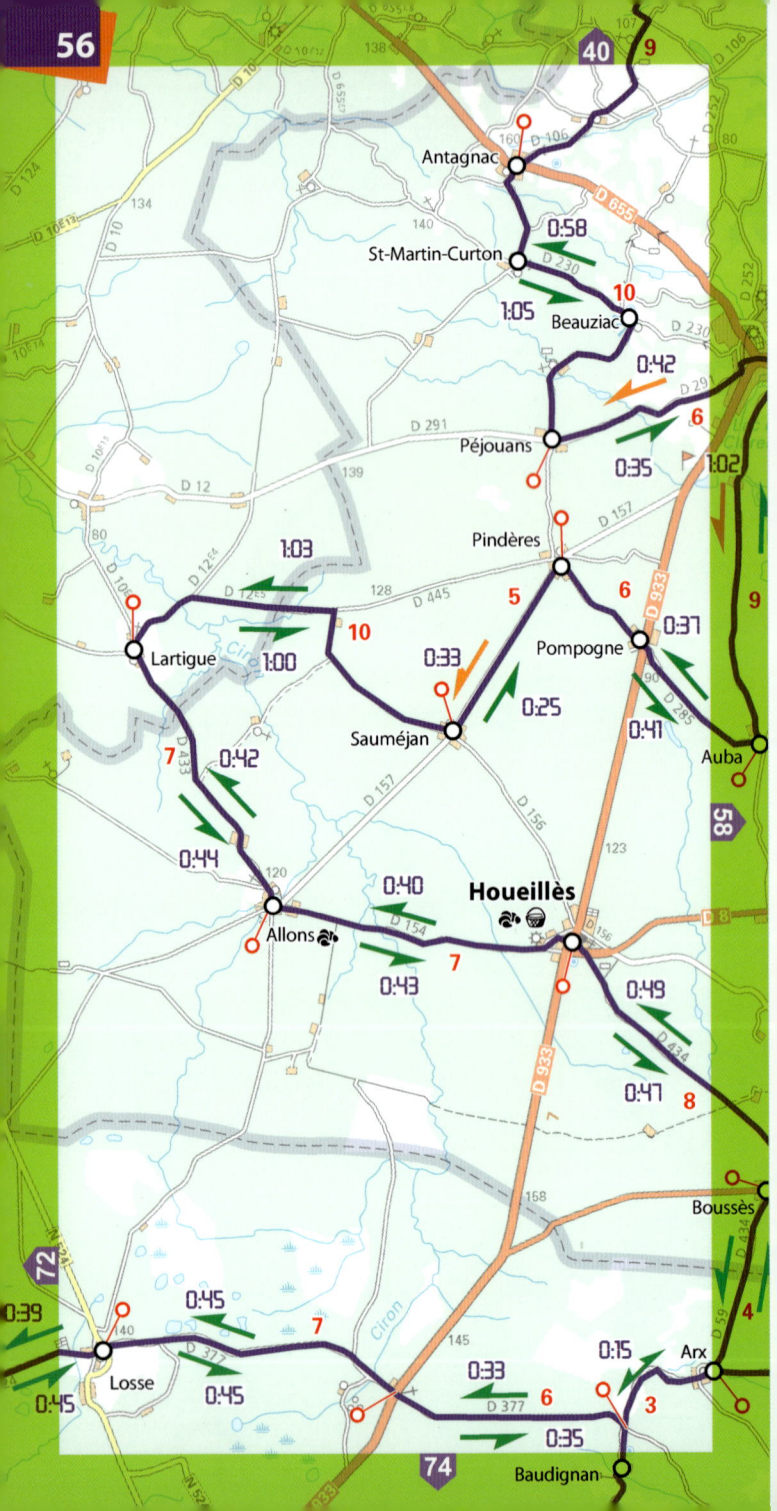

40

Antagnac
0:58
St-Martin-Curton
1:05
Beauziac 10
0:42
Péjouans
0:35 1:02 6
1:03
Pindères
Lartigue 10
1:00 5 6 0:37
0:33 Pompogne
0:25 0:41
Sauméjan Auba
7 0:42
0:44 0:40 Houeillès
Allons 7 0:49
0:43 8
0:47

Boussès
72 4
0:39 0:45 7
Losse 0:15 Arx
0:45 0:45 0:33 6 3
0:35
74 Baudignan

58
```
```

57

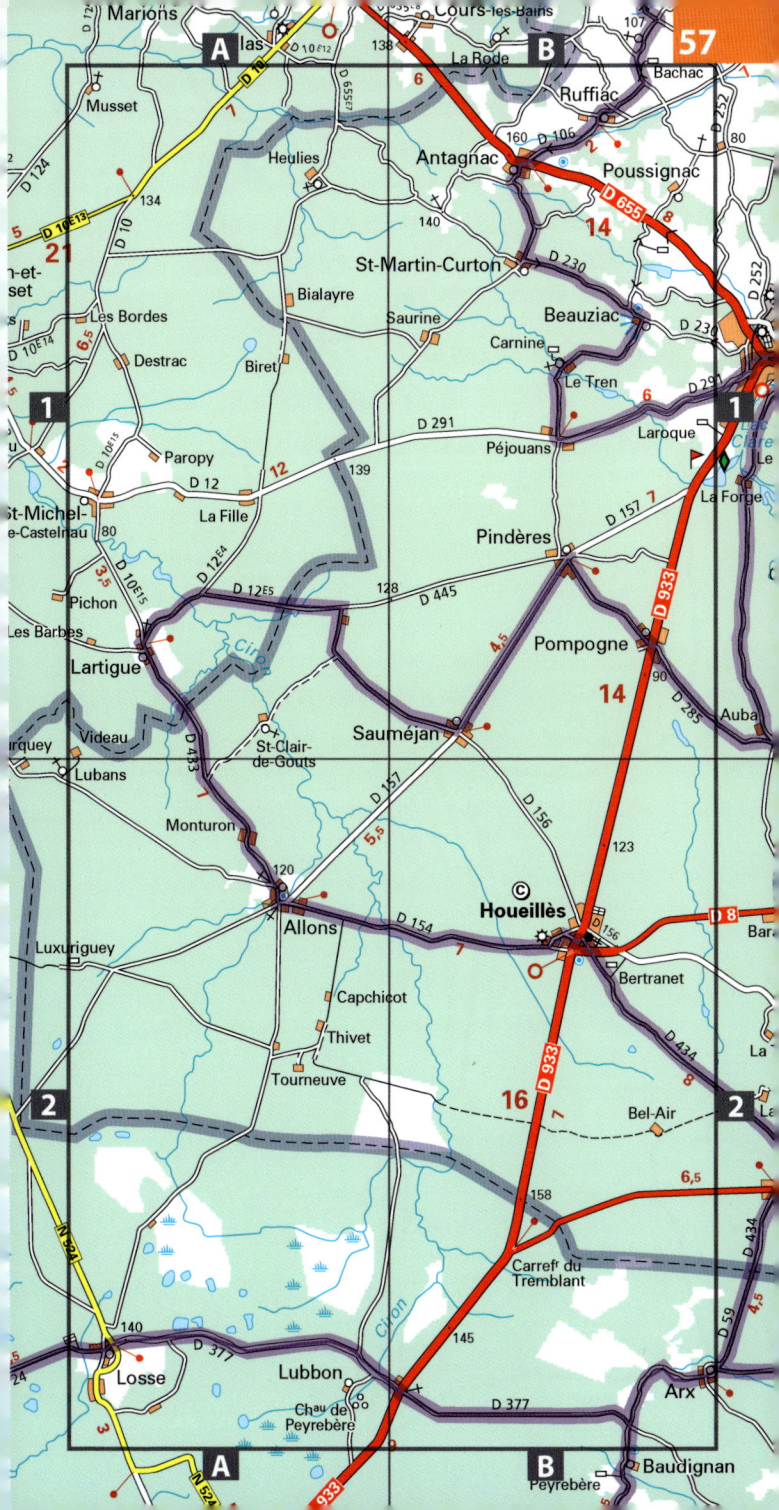

A

Marions
Ilas
Musset
Cours-les-Bains
La Rode
Ruffiac
Bachac
Heulies
Antagnac
Poussignac
Les Bordes
Bialayre
St-Martin-Curton
Destrac
Saurine
Beauziac
Biret
Carnine
Le Tren
Paropy
Péjouans
Laroque
La Fille
La Forge
St-Michel-de-Castelnau
Pindères
Pichon
Les Barbes
Lartigue
Pompogne
Auba
Videau
Sauméjan
Lubans
St-Clair-de-Gouts
Monturon
Houeillès
Allons
Bertranet
Luxuriguey
Capchicot
Thivet
Tourneuve
Bel-Air
Bara
Carref du Tremblant
Losse
Lubbon
Arx
Ch au de Peyrebère
Peyrebère
Baudignan

B

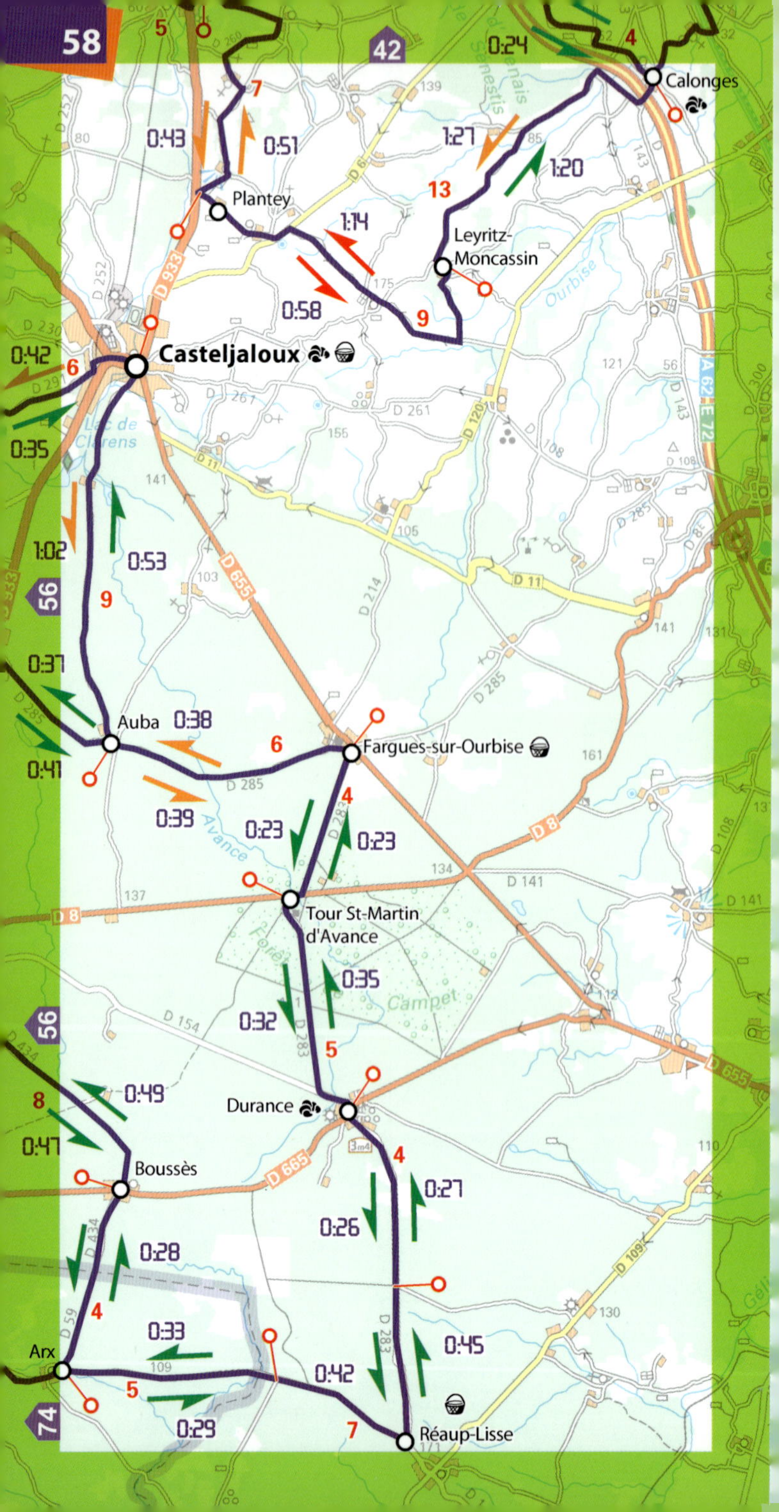
42
Calonges
Plantey
Leyritz-
Moncassin
Casteljaloux
Lac de
Clarens
Auba
Fargues-sur-Ourbise
Tour St-Martin
d'Avance
Forêt
Campet
Durance
Boussès
Arx
Réaup-Lisse
Ourbise
Avance
0:24
0:43
0:51
1:27
1:20
1:14
0:58
0:42
0:35
1:02
0:53
0:37
0:41
0:38
0:39
0:23
0:23
0:35
0:32
0:49
0:47
0:27
0:26
0:28
0:33
0:29
0:42
0:45
D 933
D 655
D 11
D 120
D 261
D 285
D 8
D 141
D 154
D 665
D 283
D 434
D 109
D 214
D 108
D 143
A 62
E 72
56
56
74

Map section around Casteljaloux:

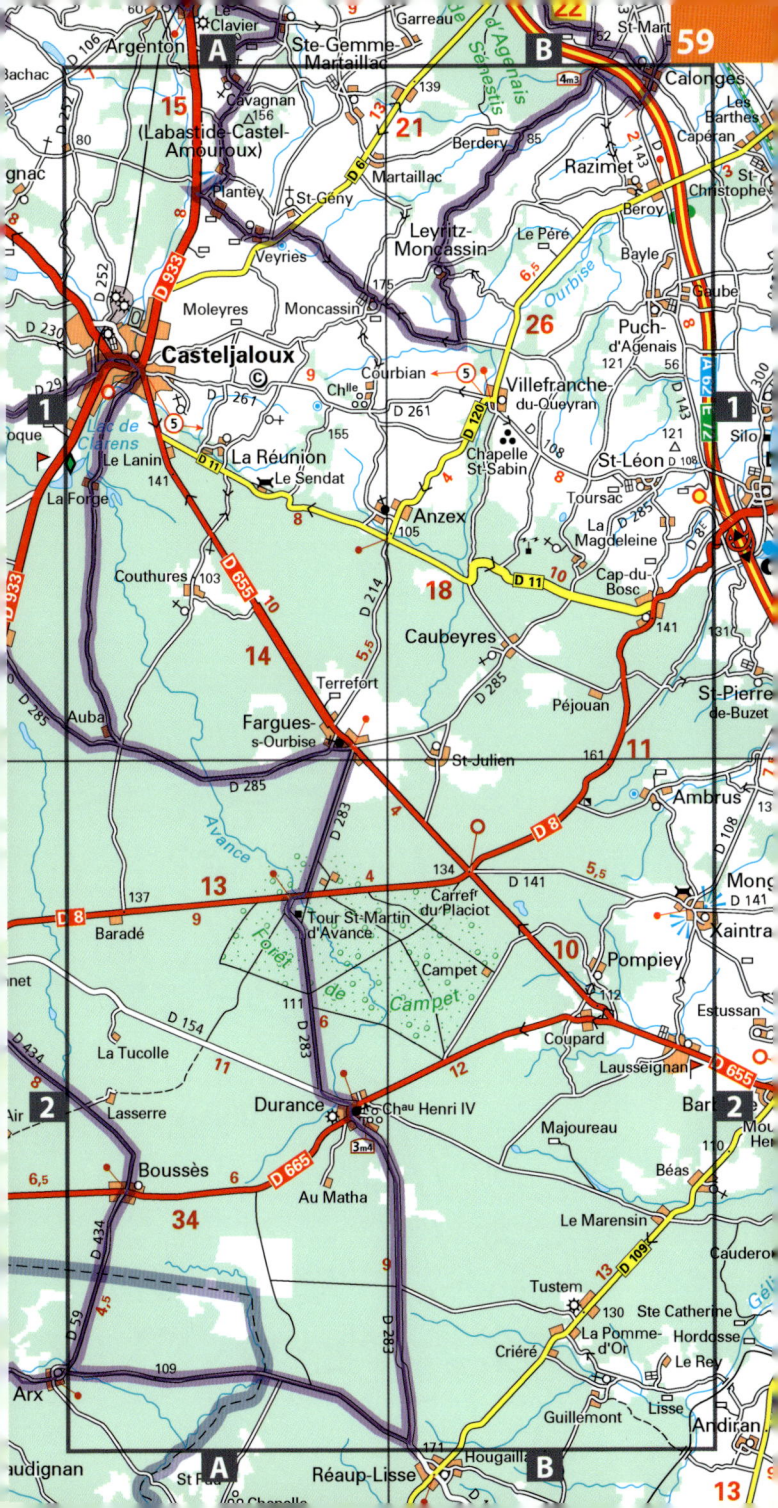

- **A (top)**: Clavier, Argenton, Ste-Gemme-Martaillac, Garreau, St-Mart
- **B (top)**: Calonges, Les Barthes, Capéran, St-Christophe
- Bachac, D 106, 15 (Labastide-Castel-Amouroux), Cavagnan, 21, Berdery, 2 143, Razimet, Beroy, Bayle
- Plantey, St-Gény, Martaillac, 139, Leyritz-Moncassin, Le Péré, Aube, Puch-d'Agenais, 121, Silo
- Veyries, D 933, D 252, Moleyres, Moncassin, 175, 26, Ourbise
- D 230, **Casteljaloux**, D 261, Ch^lle, Courbian, 5, Villefranche-du-Queyran, 143
- D 29, 1, D 261, 155, Chapelle St-Sabin, D 108, St-Léon, 121, 108
- que, Le Lanin, D 11, La Réunion, Le Sendat, 141, Anzex, 105, Toursac, La Magdeleine, D 285
- La Forge, Couthures, 103, D 655, D 214, Caubeyres, Cap-du-Bosc, 141, St-Pierre-de-Buzet
- 14, Terrefort, D 285, Péjouan, 18, 11
- Auba, D 285, Fargues-s-Ourbise, St-Julien, 161, Ambrus, D 108
- Avance, D 283, 134, D 141, D 8, 5,5
- **2**, 137, 13, Baradé, 9, Carreff du Placiot, 10, Pompiey, Xaintra, D 141, Mong
- D 8, Forêt de Campet, Campet, Coupard, 112, Estussan, D 655, Bar
- D 434, 154, D 283, 111, La Tucolle, 11, 12, Lausseignan
- Lasserre, Durance, Ch^au Henri IV, Majoureau, 110, Mou, He
- 6,5, Boussès, 6, D 665, 3m3, Béas
- 34, Au Matha, Le Marensin
- D 434, 9, Tustem, 130, Ste Catherine, Caudero
- 4,5, La Pomme-d'Or, Hordosse, Le Rey
- D 59, 109, Criéré, Lisse, Andiran
- Arx, audignan, St P, Réaup-Lisse, 171, Hougailla, 13
- **A (bottom)**, **B (bottom)**

60

La Lette
0:14
0:43
7
0:26
7
7
Cap-de-l'Horty-Plage
4
0:59 Lit-et-Mixe
0:44
62
0:45
7
0:45
St-Girons-Plage
0:26
4
0:31
0:21
Vielle 0:44 Linxe
Arnaoutchot
3
0:18
4 0:47
0:23
Escalus
9
0:54
0:47
0:55
0:46
Léon
8
0:47
Moliets-et-Maa
0:27
0:31
0:19
Messanges-Plage
3
5
0:18
Messanges
Azur
0:32
1:06
10
0:45
Vieux-Boucau-les-Bains
5 0:32
1:11
7
78
76
Mages

61

A | B

1

- Nord
- les-Marais
- Tuquets du Sud
- Cap-de-l'Homy Plage
- Lit-et-Mixe
- Padaou **16**
- Mixe
- Frouas
- Mathiouic
- St-Girons-Plage
- St-Girons
- Bernadon
- (Vielle-St-Girons)
- Forêt de Vielle-St-Girons
- Gracian
- Jeantot
- Arnaoutchot
- Mansenes
- Vielle
- Huchet
- Courant d'Huchet
- Pas du Loup
- Étang de Léon
- Benaut
- Pichelèbe
- Escalu
- Réserve naturelle de Moliets
- Marquis
- (St-Michel-Es
- Maa
- Léon ★
- Quartier-Laguain
- Moliets-Plage
- Étg de Moliets
- Le Village-sous-les-Pins
- Moliets-et-Maa
- Betoy **14**

2

- Étang de Laprade
- Étang de Messanges **13**
- Messanges-Plage
- Bayle
- Messanges
- Étg de Moysan
- Étang de Coidoum
- Vieux-Boucau-les-Bains
- Quartier-Caliot
- Azur
- Port d'Albret
- Étg de Pinsolle
- Tustête
- Tropica parc
- Étang de Soustons
- Coudere
- Tastet

A | B

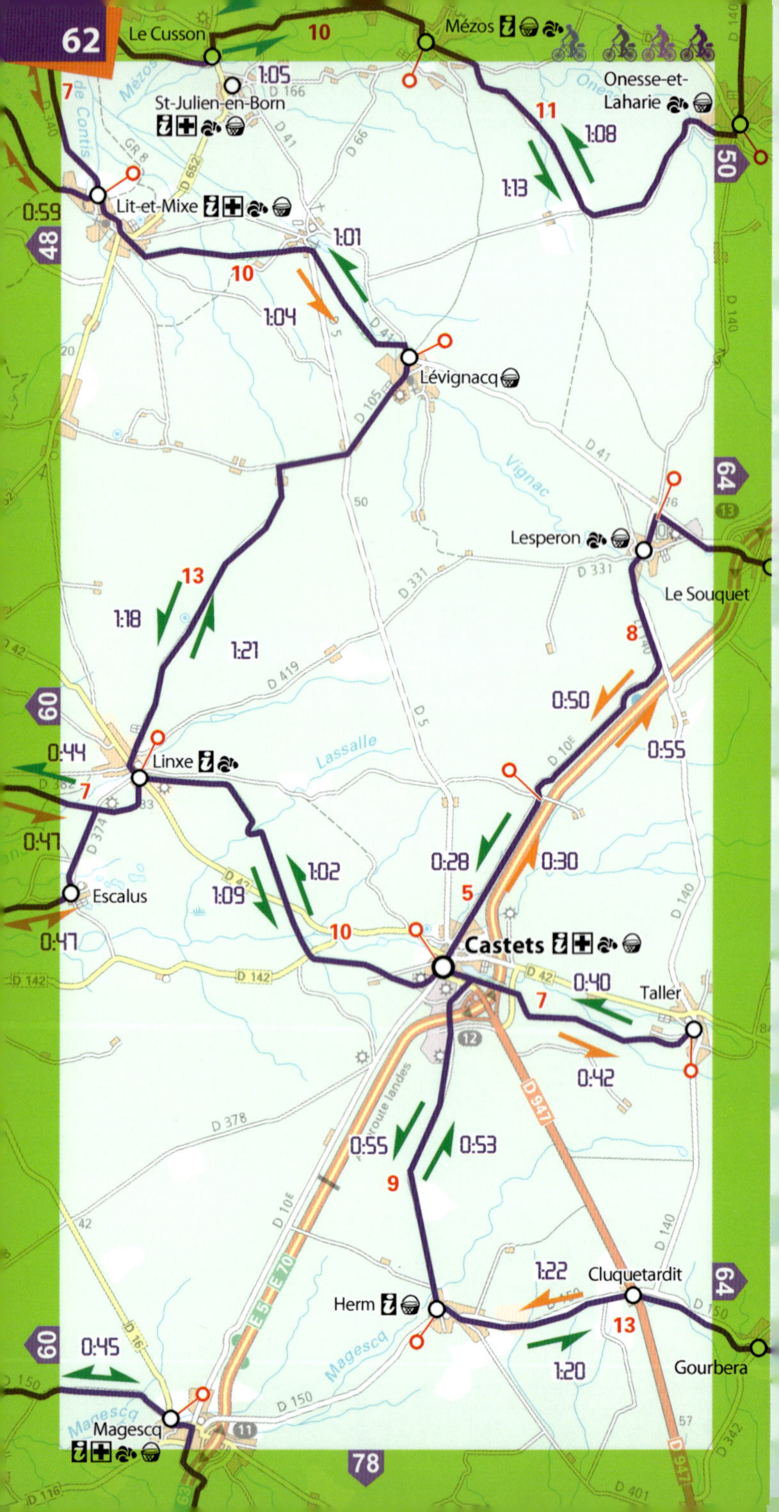
Le Cusson
Mézos
Onesse-et-Laharie
St-Julien-en-Born
Lit-et-Mixe
Lévignacq
Lesperon
Le Souquet
Linxe
Escalus
Castets
Taller
Herm
Cluquetardit
Gourbera
Magescq
10
1:05
11
1:08
1:13
7
0:59
48
50
1:01
10
1:04
64
13
1:18
1:21
8
0:50
0:55
60
0:44
7
0:47
1:02
1:09
0:28
0:30
5
10
0:47
0:40
7
0:42
0:55
0:53
9
1:22
13
1:20
60
0:45
78
D 166
D 41
D 66
D 652
D 105
D 331
D 419
D 5
D 10E
D 140
D 42
D 142
D 374
D 378
D 947
D 150
D 16
D 342
D 401
D 116
E 5 – E 70
Lassalle
Vignac
Magescq
Onesse
Mézos
de Contis

63

A

La Lette, Le Cusson, Caoule, St-Julien-en-Born, Lafitte, Casteja, D 166, D 41, D 652, D 66, GR 8, D 340, Lit-et-Mixe, Padaou, Uza, D 5, D 66, 16, 5,5, 4,5, Miquéou, Lugadets, Mixe, Vignacot, Naboude, Carpit, Caillaube, Labaste, D 419, Linxe, D 382, D 374, Escalus, (St-Michel-Escalus), 16, D 42, 33, D 142, 14, St-Michel, D 142, Camerade, Quartier-Laguain, Le Conte, D 378, Chanchon, D 10E, 14, 12, E5-E70, Grangeon, Autoroute Landes, Magescq, Tastet, Larroze, Le Houdin, D 116, D 16, D 150, 11

B

Mézos, Guetch, D 38, Onesse, Le Cout, Lévignacq, D 105, Moulin-Vieux, D 41, Vignac, 7,5, Louise, Bernadic, D 331, D 331, Criéré, L'Océan, Péliou, 76, 2,5, Lesperon, D 140, 13, Pouin, Leurteyroun, 24, Castets, D 42, 6,5, Taller, Bourru, Castillon, Lacay, Minjouay, D 947, 7,5, D 140, 8, Petit Marquis, Herm, Cluquetardit, D 150, 16, D 150, Candale, Nerthe, D 401, D 947, 8,5, 57, Hare, D 140

64

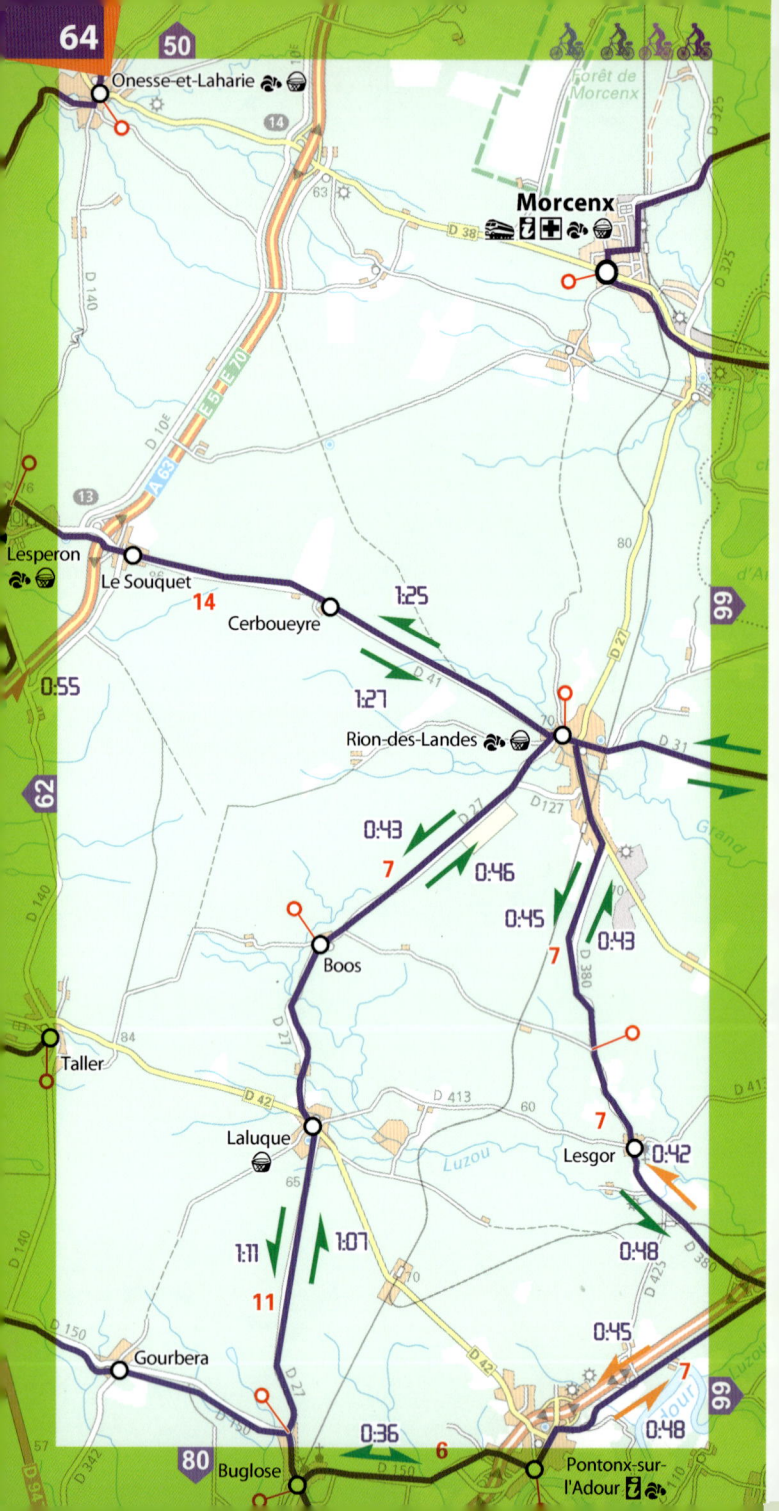

50

Onesse-et-Laharie

Morcenx

Lesperon

Le Souquet

14

Cerboueyre

1:25

1:27

Rion-des-Landes

0:55

62

0:43

7

0:46

0:45

7

0:43

Boos

Taller

Laluque

Lesgor

7 0:42

0:48

1:11 1:07

11

0:45

7

Gourbera

0:36

6

0:48

80

Buglose

Pontonx-sur-l'Adour

65

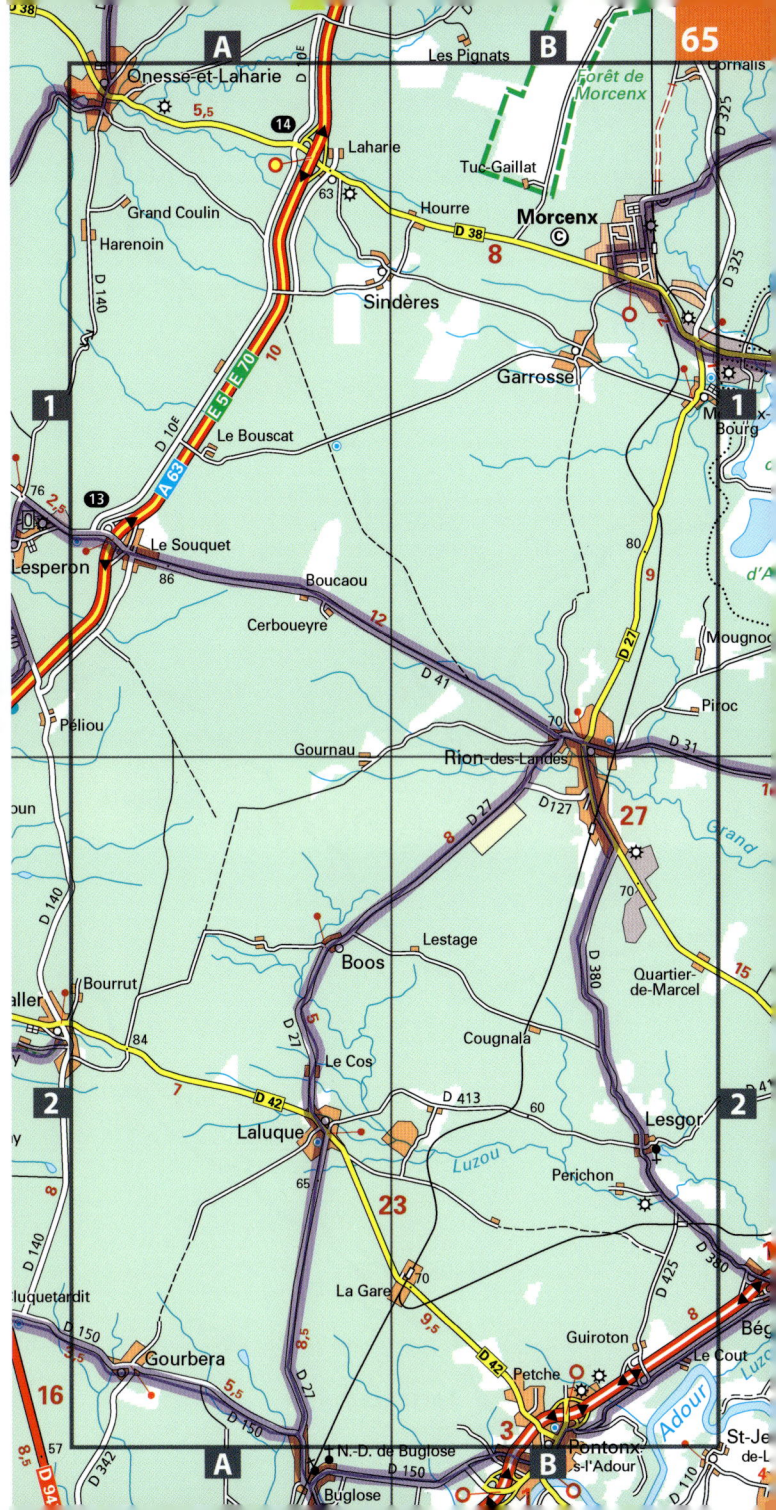

A — **B**

- Onesse-et-Laharie
- Les Pignats
- Cornalis
- Forêt de Morcenx
- Laharie
- Tuc-Gaillat
- Grand Coulin
- Hourre
- Morcenx
- Harenoin
- Sindères
- Garrosse
- Mi...x-Bourg
- Le Bouscat
- Lesperon
- Le Souquet
- Boucaou
- Cerboueyre
- Mougnoc
- Péliou
- Gournau
- Rion-des-Landes
- Piroc
- Bourrut
- Boos
- Lestage
- Quartier-de-Marcel
- Le Cos
- Laluque
- Cougnala
- Lesgor
- Luzou
- Perichon
- La Gare
- Guiroton
- Bég...
- Gourbera
- Petche
- Le Cout
- Pluquetardit
- N.-D. de Buglose
- Fontonx-s/-l'Adour
- St-Je... de-l...
- Buglose
- Adour

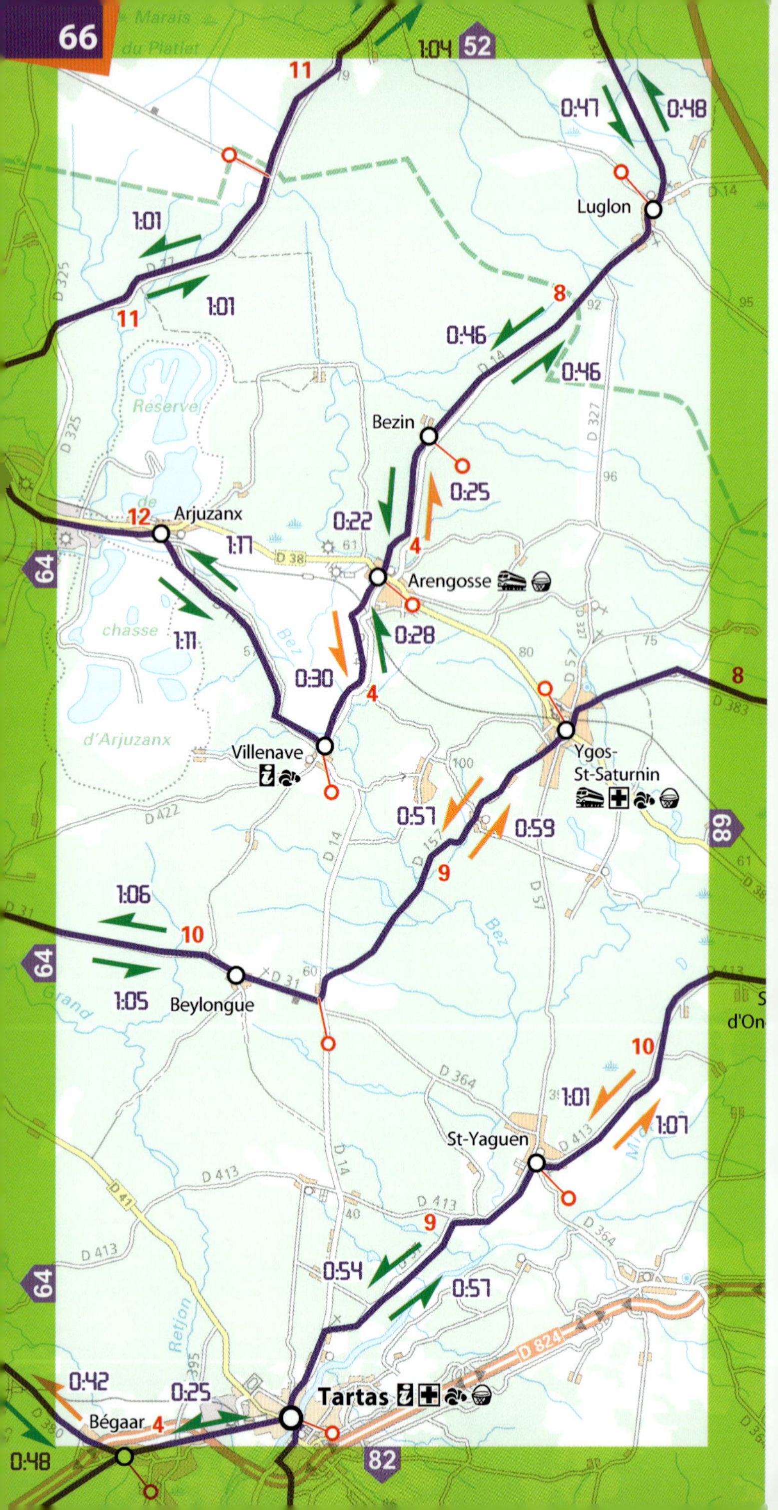
Marais du Platiet
1:04
52
11
79
0:47
0:48
D 327
Luglon
D 14
1:01
D 77
D 325
11
1:01
8
92
95
0:46
0:46
D 14
Réserve
Bezin
D 327
0:25
96
de
Arjuzanx
12
0:22
1:17
D 38
61
4
Arengosse
64
chasse
1:11
Bez
57
0:28
80
75
D 57
0:30
4
8
D 383
Ygos-
St-Saturnin
d'Arjuzanx
Villenave
100
0:57
0:59
89
D 422
D 14
D 157
9
61
1:06
10
D 31
D 57
Bez
64
1:05
Beylongue
D 31
60
Grand
10
D 364
1:01
1:07
St-Yaguen
D 413
D 41
D 413
D 413
40
9
D 364
D 413
0:54
0:57
64
Retjon
D 824
0:42
0:25
Tartas
Bégaar
4
0:48
D 380
82

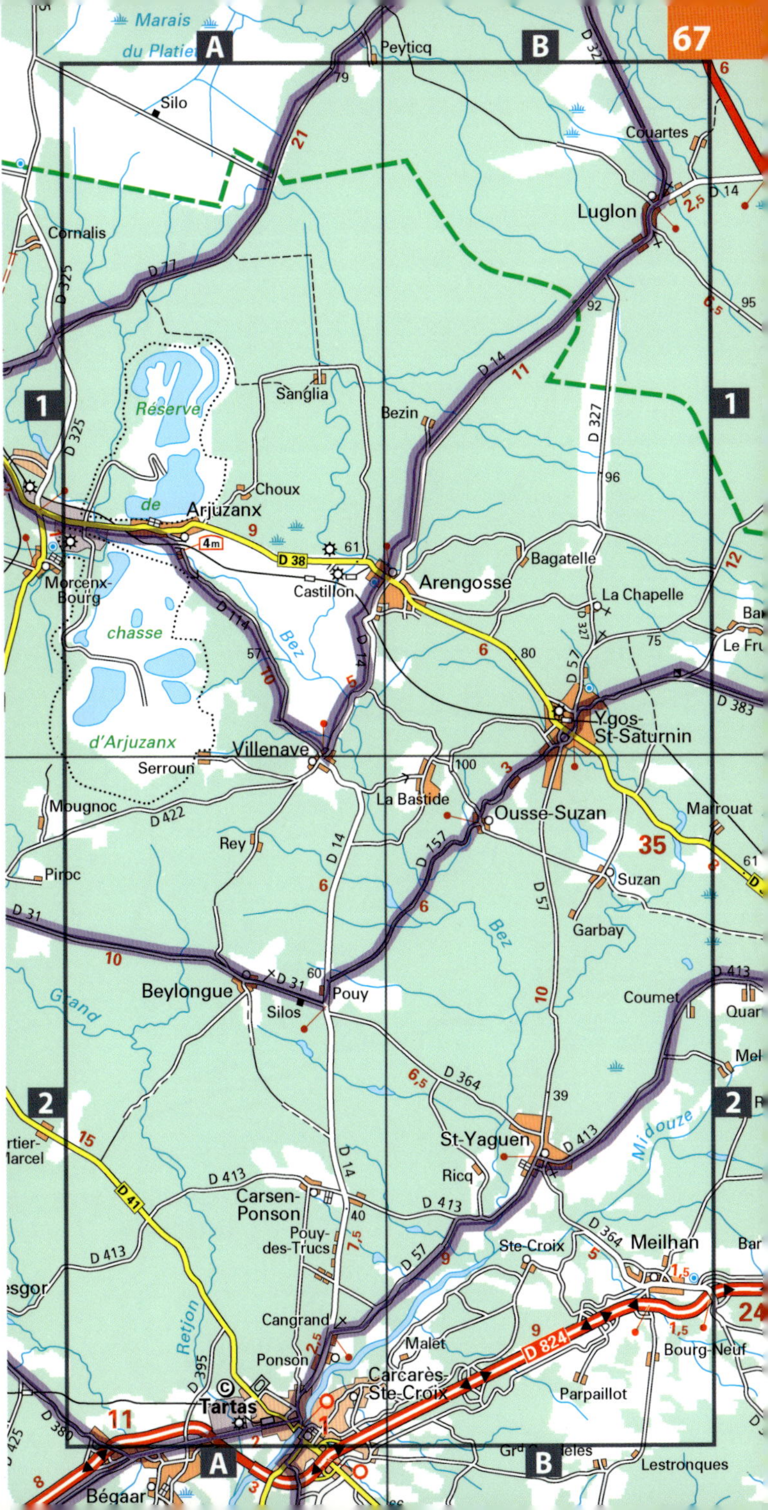
A
B
Marais du Platier
Peyticq
Silo
Courtes
Luglon
D 14
Cornalis
D 77
D 325
D 32
Sanglia
Bezin
Réserve de chasse d'Arjuzanx
Choux
Arjuzanx
D 38
Castillon
Arengosse
Bagatelle
La Chapelle
D 327
Morcenx-Bourg
D 114
Bez
Villenave
Ygos-St-Saturnin
D 383
Le Fr
Serroun
Mougnoc
D 422
La Bastide
Ousse-Suzan
Marrouat
Suzan
Rey
D 157
D 57
Piroc
Garbay
D 31
Beylongue
Pouy
Silos
Coumet
D 413
D 364
St-Yaguen
Midouze
Ricq
D 41
Carsen-Ponson
Pouy-des-Trucs
Meilhan
Ste-Croix
Cangrand
Malet
Bourg-Neuf
Ponson
D 824
Carcarès-Ste-Croix
Parpaillot
Tartas
Retjon
D 395
D 380
Bégaar
Lestronques
Grand
1
2
35
24

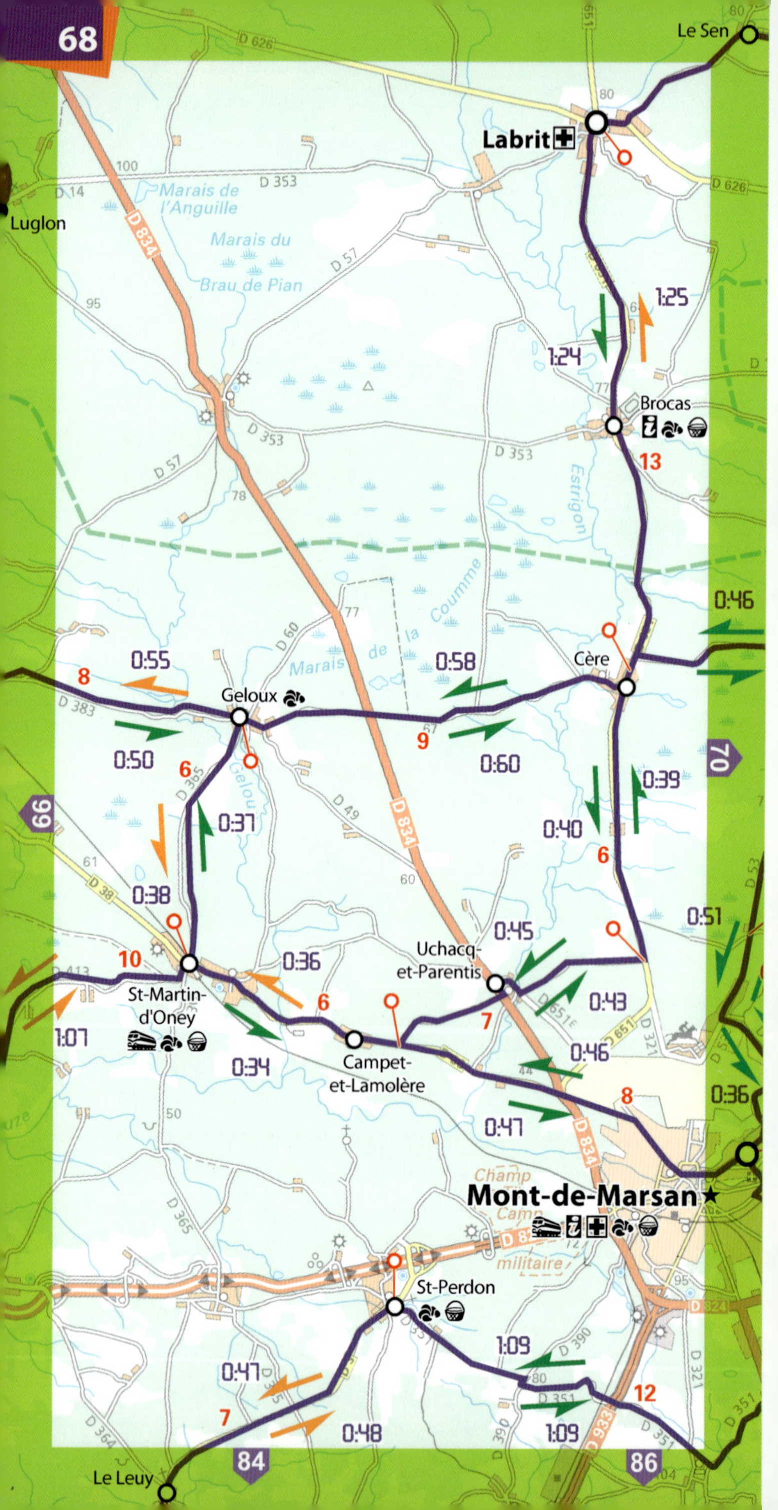
Le Sen
Labrit
Luglon
Marais de l'Anguille
Marais du Brau de Pian
D 834
D 353
D 57
D 14
D 626
1:25
1:24
Brocas
13
Estrigon
0:46
Cère
0:55
8
Geloux
0:58
9
0:60
D 383
0:50
6
Geloux
Marais de la Coumme
D 60
D 49
70
0:39
0:40
6
66
0:37
0:38
D 38
0:51
10
St-Martin-d'Oney
0:36
Uchacq-et-Parentis
0:45
6
7
0:43
1:07
0:34
Campet-et-Lamolère
0:46
8
0:36
0:47
Mont-de-Marsan
Champ de Camp militaire
St-Perdon
1:09
0:47
12
7
0:48
1:09
84
86
Le Leuy
D 365
D 364
D 390
D 351
D 321
D 933
D 824
D 651

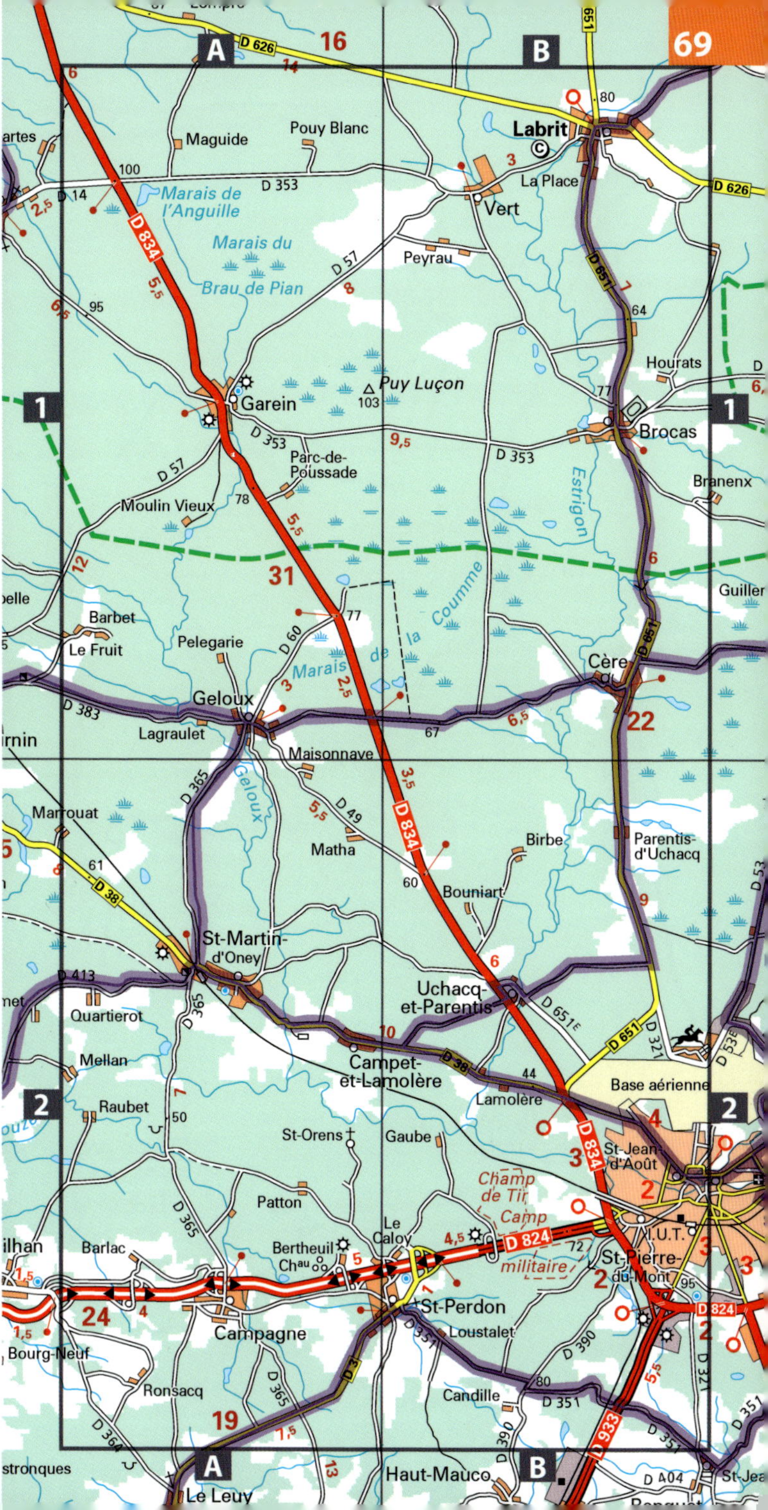
A
B
16
D 626
14
Labrit
80
651
Maguide
Pouy Blanc
La Place
3
Vert
100
D 353
D 14
2,5
Marais de l'Anguille
D 834
Marais du Brau de Pian
Peyrau
D 57
8
5,5
6,5
95
64
Hourats
7
D 651
Garein
Puy Luçon
103
77
Brocas
1
D 353
9,5
Parc-de-Poussade
D 57
Moulin Vieux
78
Branenx
Estrigon
5,5
12
31
6
Guiller
Barbet
Le Fruit
Pelegarie
77
Marais de la Coumme
D 60
Cère
3
2,5
Geloux
D 383
6,5
22
Lagraulet
67
Maisonnave
Geloux
D 365
3,5
D 49
5,5
Marrouat
Matha
Birbe
Parentis-d'Uchacq
D 38
61
60
Bouniart
9
St-Martin-d'Oney
D 413
6
Uchacq-et-Parentis
Quartierot
D 365
10
D 651E
D 651
D 321
Mellan
Campet-et-Lamolère
D 38
44
Base aérienne
2
Raubet
Lamolère
4
50
7
St-Orens
Gaube
3
St-Jean-d'Août
Champ de Tir Camp militaire
2
Patton
D 365
I.U.T.
Barlac
Bertheuil Chau
Le Caloy
4,5
D 824
72
St-Pierre-du-Mont
3
1,5
5
1
2
95
24
4
St-Perdon
D 824
1,5
Campagne
Loustalet
D 390
Bourg-Neuf
D 331
2
D 3
D 321
Ronsacq
D 365
80
Candille
D 351
5,5
19
D 933
D 364
1,5
D 390
D 351
13
D 351
Le Leuy
Haut-Mauco
D 404
St-Jea

70

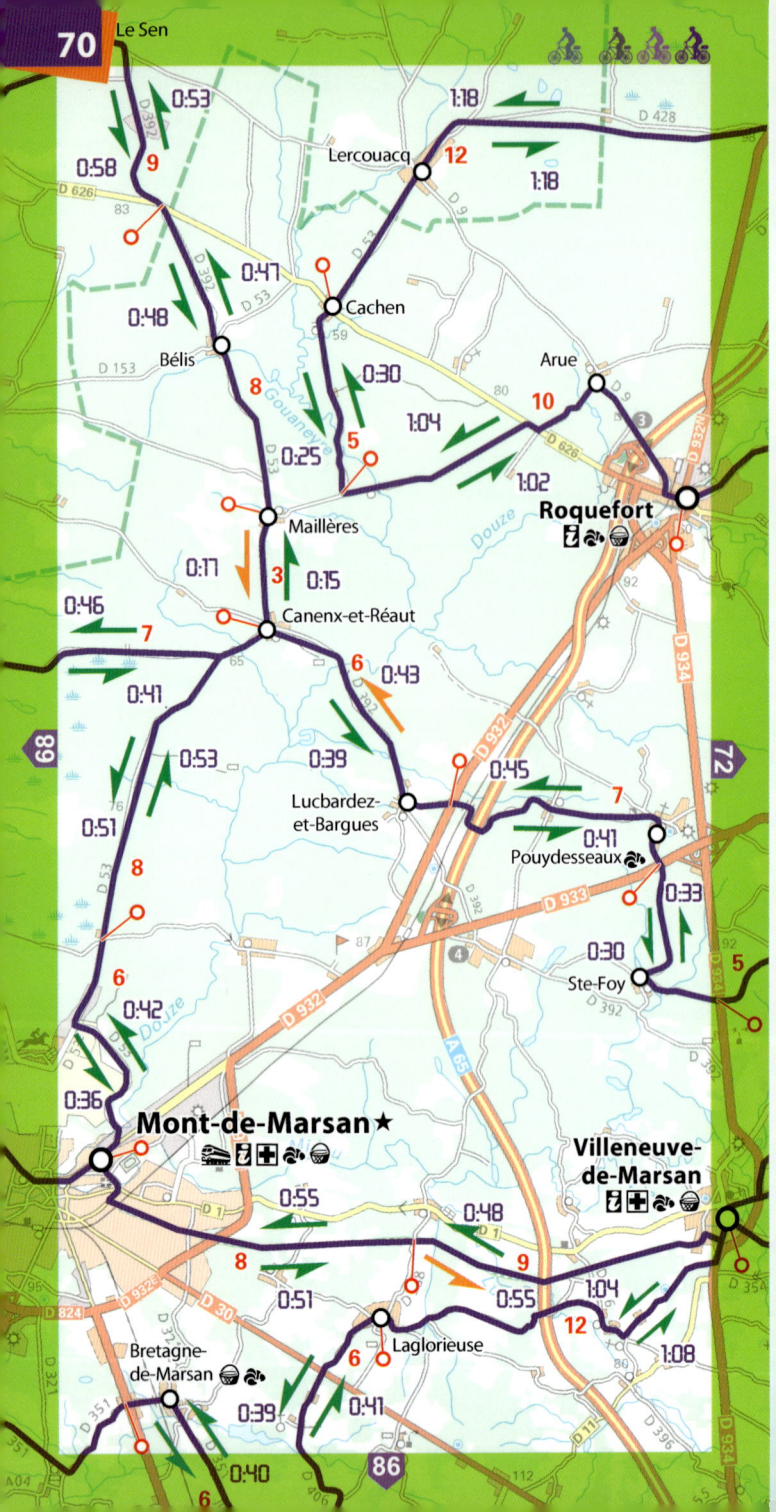

Le Sen
0:53
0:58
9
D 626
0:47
0:48
Bélis
Lercouacq
1:18
1:18
12
Cachen
0:30
8
0:25
5
Arue
1:04
10
1:02
Maillères
0:17
3
0:15
Canenx-et-Réaut
Roquefort
0:46
7
0:41
0:53
6
0:43
0:39
0:45
Lucbardez-et-Bargues
7
0:41
Pouydesseaux
0:51
8
0:33
0:30
Ste-Foy
5
0:42
6
0:36
Mont-de-Marsan ★
Villeneuve-de-Marsan
0:55
0:48
8
9
0:51
0:55
1:04
12
1:08
Bretagne-de-Marsan
6
0:39
0:41
Laglorieuse
6
0:40

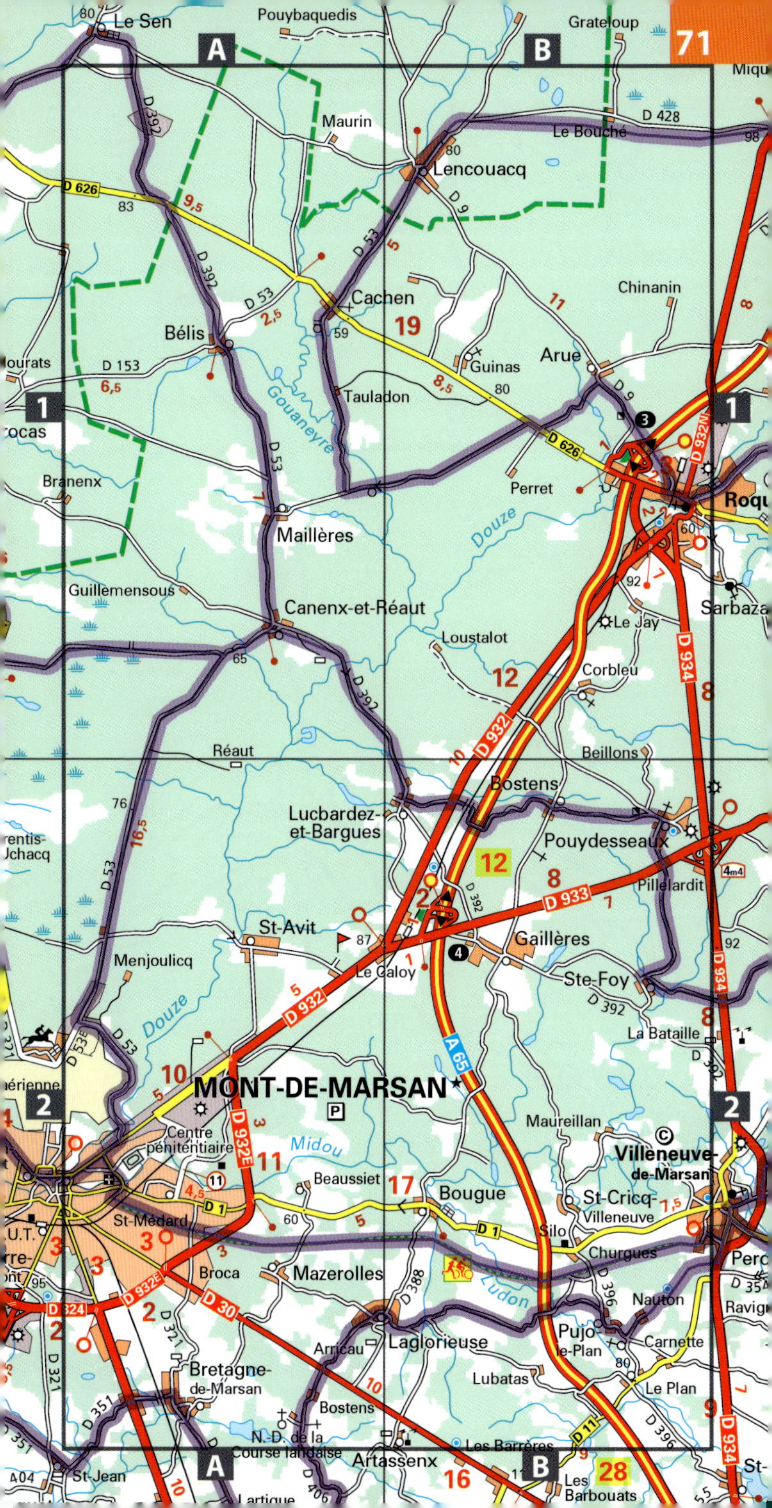

A
B
1
2
Le Sen
Pouybaquedis
Grateloup
Miqu
Maurin
D 428
Le Bouché
Lencouacq
D 392
D 626
9,5
D 9
D 53
Cachen
19
Chinanin
Bélis
D 153
6,5
2,5
Gouaneyre
Tauladon
Guinas
Arue
8,5
D 626
Perret
rocas
Branenx
Maillères
Douze
Roqu
Guillemensous
Canenx-et-Réaut
Le Jay
Sarbaza
Loustalot
Corbleu
12
D 934
D 932
Beillons
Réaut
Bostens
Lucbardez-et-Bargues
Pouydesseaux
rentis-Uchacq
Pillelardit
4m4
D 933
St-Avit
Le Caloy
Gaillères
Menjoulicq
Ste-Foy
D 392
La Bataille
A 65
MONT-DE-MARSAN
Centre pénitentiaire
Maureillan
Villeneuve-de-Marsan
Midou
Beaussiet
Bougue
St-Cricq-Villeneuve
D 932E
St-Médard
D 1
Silo
Churgues
Broca
Mazerolles
Perc
D 324
D 30
D 388
Ludon
Nauton
Ravign
Arricau
Laglorieuse
Pujo-le-Plan
Carnette
Bretagne-de-Marsan
Lubatas
Le Plan
D 321
D 351
Bostens
N.-D. de la Course landaise
Les Barrères
D 11
Artassenx
St-Jean
Les Barbouats
D 396
St-
Lartigue

72

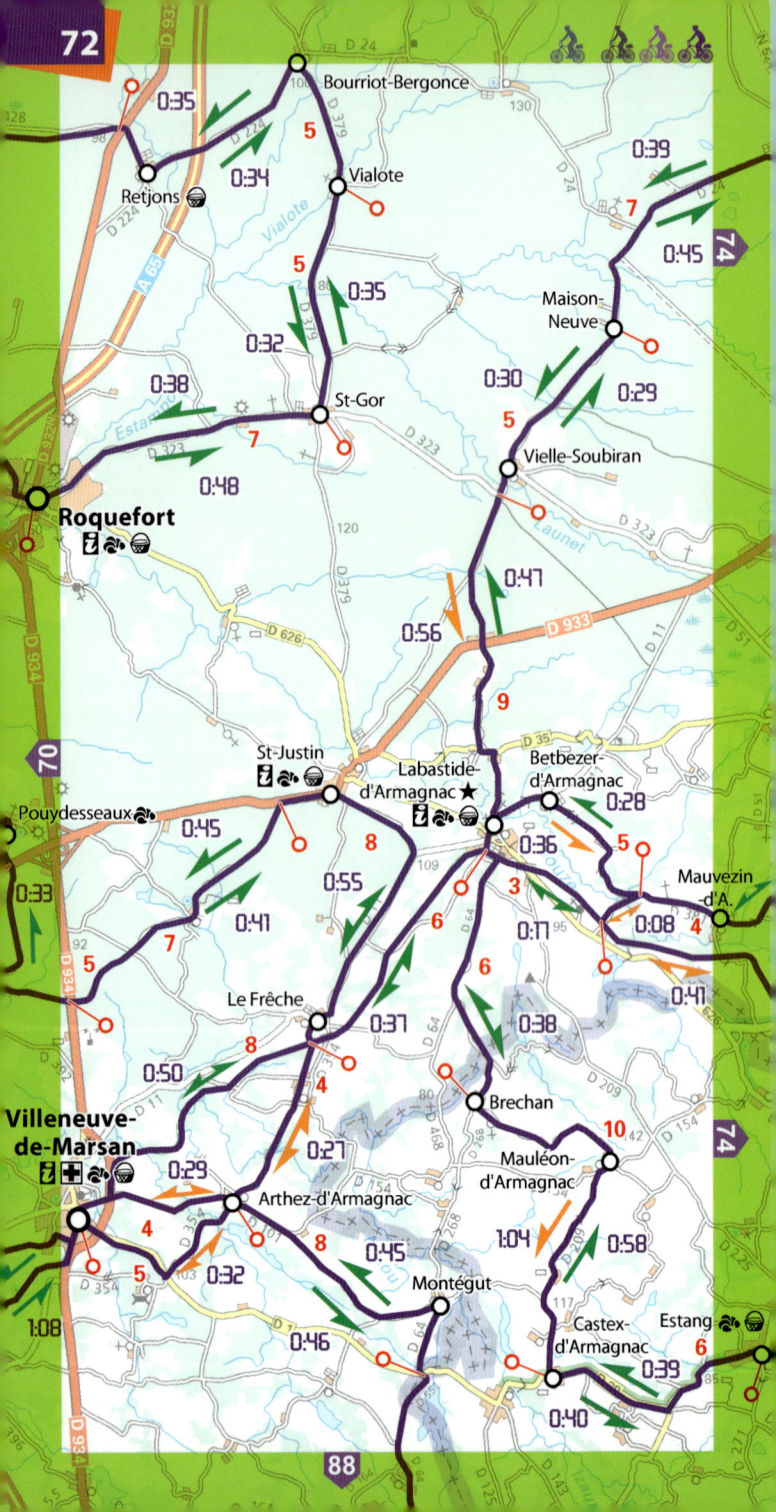

Bourriot-Bergonce

- Retjons 0:35
- 0:34 — 5
- Vialote
- 5 — 0:35
- 0:32
- 0:38 — 7
- St-Gor
- 0:48
- **Roquefort**
- 0:30 — 5
- 0:29
- Maison-Neuve 0:39 / 7 / 0:45
- Vielle-Soubiran
- 0:47 / 0:56 — 9
- Pouydesseaux
- 0:33
- St-Justin
- 0:45 — 8 — 0:55
- Labastide-d'Armagnac ★
- Betbezer-d'Armagnac 0:28
- 0:36 / 5 / Mauvezin d'A. / 0:08 — 4 / 0:17 / 0:41
- 3 / 6 / 6
- 0:41 — 7
- Le Frêche 0:37 — 6 — 0:38
- 8 / 0:50 / 4 / 0:27
- Brechan
- **Villeneuve-de-Marsan**
- 0:29 — 4
- Arthez-d'Armagnac
- 5 / 0:32 — 8 — 0:45
- Mauléon-d'Armagnac — 10
- 1:04 / 0:58
- 1:08
- Montégut
- 0:46
- Castex-d'Armagnac
- Estang 6
- 0:39 / 0:40

88

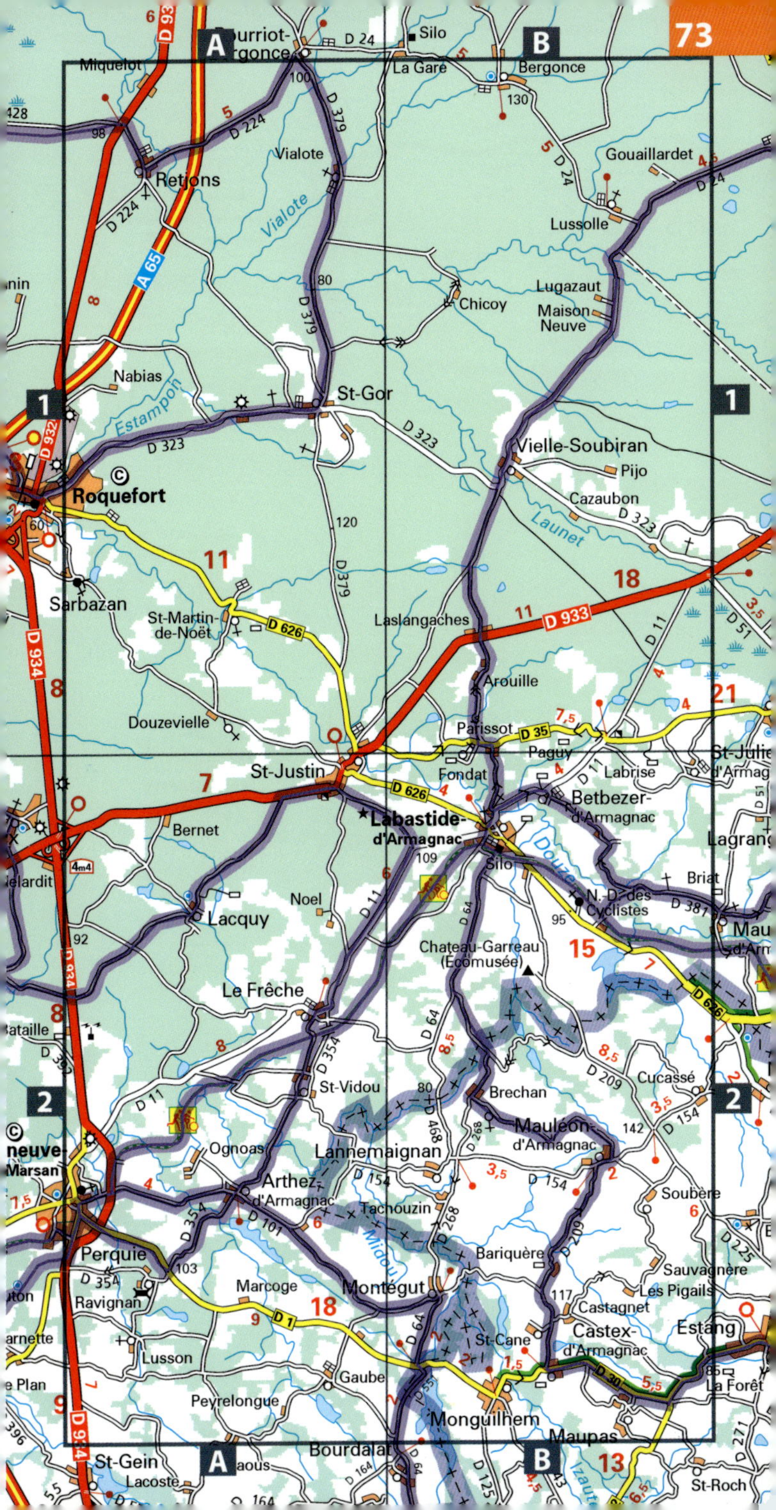
A
B
1
2
Bourriot-Bergonce
Silo
D 24
La Gare
Bergonce
Miquelot
D 93
D 224
D 379
Vialote
Retjons
Gouaillardet
Lussolle
Vialote
A 65
Chicoy
Lugazaut
Maison Neuve
Nabias
Estampon
St-Gor
D 323
D 932
Roquefort
Vielle-Soubiran
Pijo
Cazaubon
Launet
Sarbazan
St-Martin-de-Noët
D 626
Laslangaches
D 933
D 934
Arouille
Douzevielle
Parissot
D 35
Paguy
Labrise
St-Justin
Fondat
Betbezer-d'Armagnac
Bernet
Labastide-d'Armagnac
Silo
Douze
Lagrange
Briat
N.-D.-des Cyclistes
Lacquy
Noel
D 11
D 64
D 387
Chateau-Garreau (Ecomusée)
Le Frêche
Cucassé
Brechan
D 209
St-Vidou
D 354
Mauléon-d'Armagnac
D 154
Ognoas
Lannemaignan
D 468
Arthez-d'Armagnac
Tachouzin
Soubère
D 101
Midou
Bariquère
D 268
Perquie
Sauvagnère
Marcoge
Montégut
Les Pigails
Ravignan
Castagnet
D 1
Castex-d'Armagnac
Estang
Lusson
St-Cane
Gaube
D 30
La Forêt
Peyrelongue
Monguilhem
Maupas
St-Gein
Lacoste
Bourdalat
St-Roch
D 125
D 271
Izaute

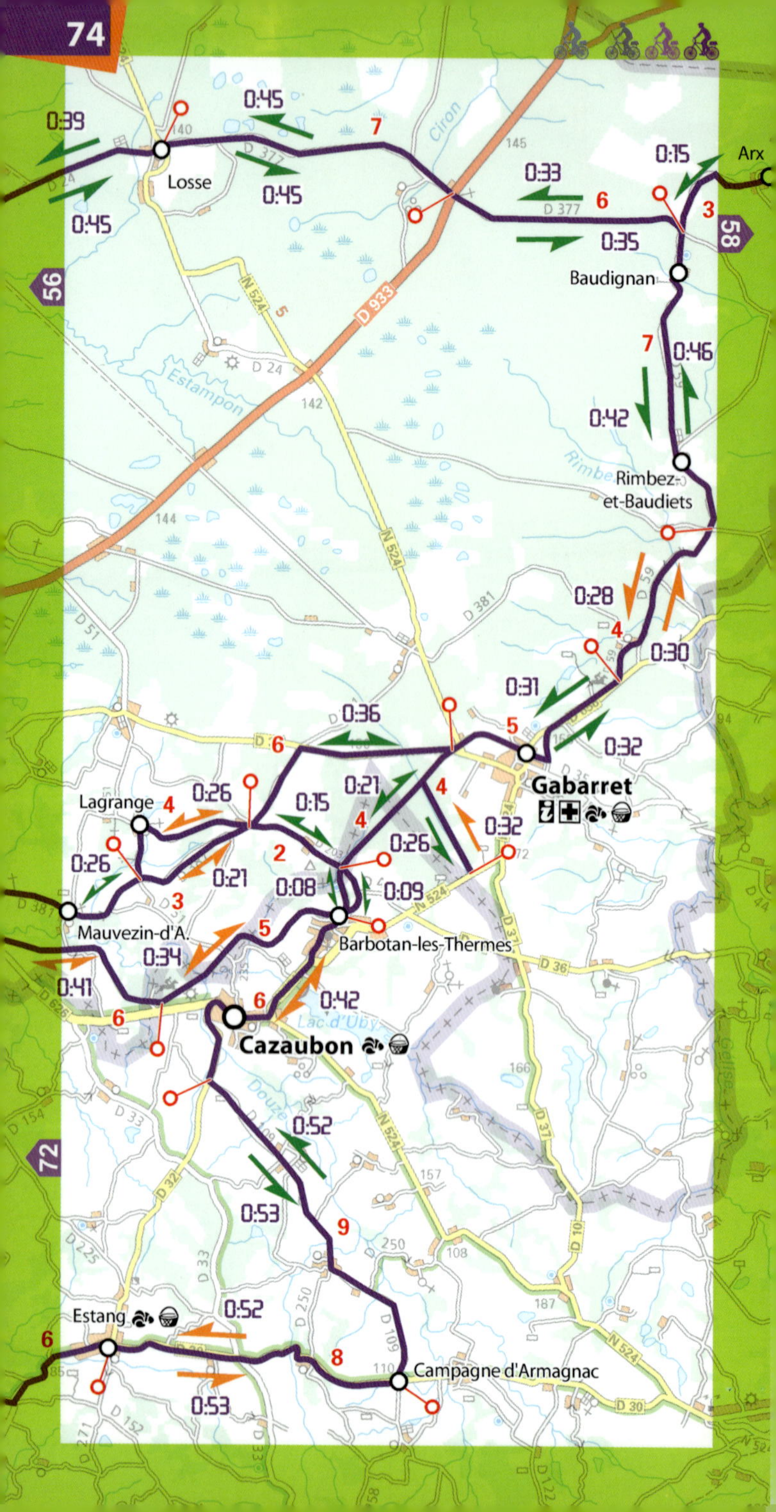
Losse
0:39
0:45
0:45
0:45
7
Ciron
0:33
6
D 377
0:35
0:15
Arx
3
58
Baudignan
56
D 933
N 524
D 24
Estampon
7
0:46
0:42
Rimbez-et-Baudiets
0:28
4
0:30
D 381
D 51
0:31
5
0:32
0:36
6
Gabarret
Lagrange
4
0:26
0:15
0:21
4
4
0:32
0:26
2
0:26
3
0:21
0:08
0:09
Mauvezin-d'A.
5
Barbotan-les-Thermes
0:34
0:41
D 36
6
6
0:42
Lac d'Uby
Cazaubon
Douze
0:52
72
0:53
9
D 32
D 37
D 10
N 524
Estang
0:52
6
8
0:53
Campagne d'Armagnac
D 30

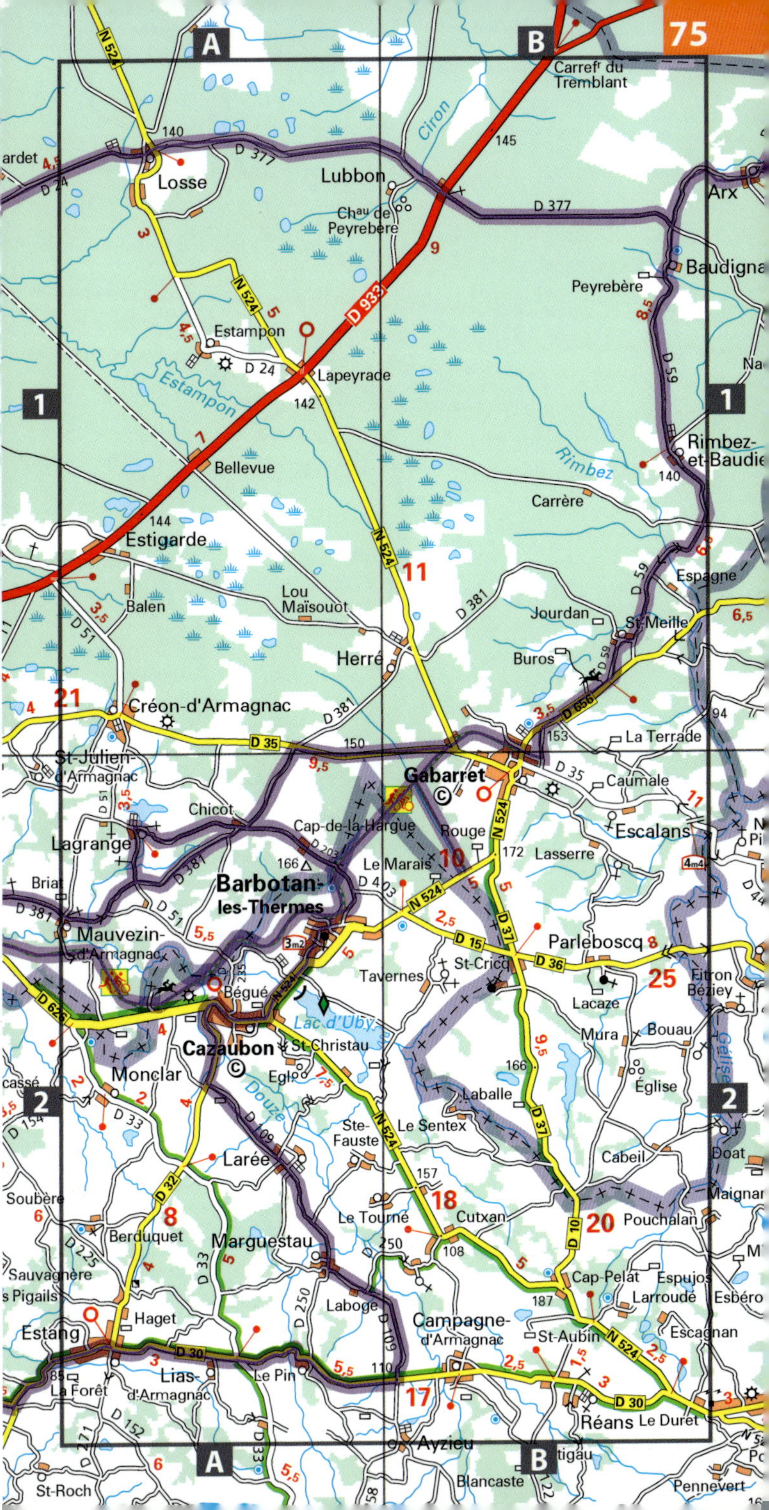
A
B
1
2
Carref^r du Tremblant
Losse
Lubbon
Arx
Ch^au de Peyrebère
D 377
N 524
D 933
Ciron
Baudigna
Peyrebère
Estampon
Lapeyrade
D 24
D 59
Rimbez-et-Baudie
Rimbez
Bellevue
Carrère
Estigarde
Balen
Lou Maïsouot
D 381
Jourdan
St-Meille
Espagne
Herré
Buros
D 51
Créon-d'Armagnac
D 35
D 656
La Terrade
St-Julien-d'Armagnac
Gabarret
Caumale
Chicot
Cap-de-la-Hargue
Escalans
Lagrange
Rouge
Le Marais
Lasserre
Barbotan-les-Thermes
Briat
Mauvezin-d'Armagnac
D 15
Parleboscq
D 36
St-Cricq
Tavernes
Bégué
D 626
Lacaze
Fitron
Béziey
Lac d'Uby
Cazaubon
St-Christau
Mura
Bouau
Monclar
Eglise
Église
Gélise
Laballe
Douze
D 33
D 109
Ste-Fauste
Le Sentex
D 37
Larée
Cabeil
Doat
D 32
Soubère
Le Tourné
Cutxan
Maignan
D 10
Pouchalan
Berduquet
Marguestau
D 225
Sauvagnère
Cap-Pelat
Espujos
Pigails
Laboge
Larroudé
Esbéro
Haget
D 250
Estang
Campagne-d'Armagnac
St-Aubin
Escagnan
D 30
Lias-d'Armagnac
Le Pin
La Forêt
Réans
Le Duret
D 152
Ayzieu
St-Roch
Blancaste
Pennevert

76

- Vieux-Boucau-les-Bains
- Seignosse-le-Penon
- Seignosse
- Hossegor ★
- Capbreton ★
- Angresse
- Bénesse-Maremme
- Labenne-Océan
- Labenne
- Saubrigues
- Ondres-Plage
- Ondres
- Tarnos-Plage
- St-Martin-de-Seignanx
- St-André-de-Seignanx
- Boucau
- Bayonne ★★
- Anglet
- Lahonce

0:51 0:47 0:15 0:30 0:16 0:26 0:50 1:04 1:06 0:51 0:41 0:37 0:34 0:34 0:53 0:54 0:13 0:22 1:06 1:13 0:50 0:49 1:05 1:02 0:28 0:19 0:34 0:35 0:47 0:48

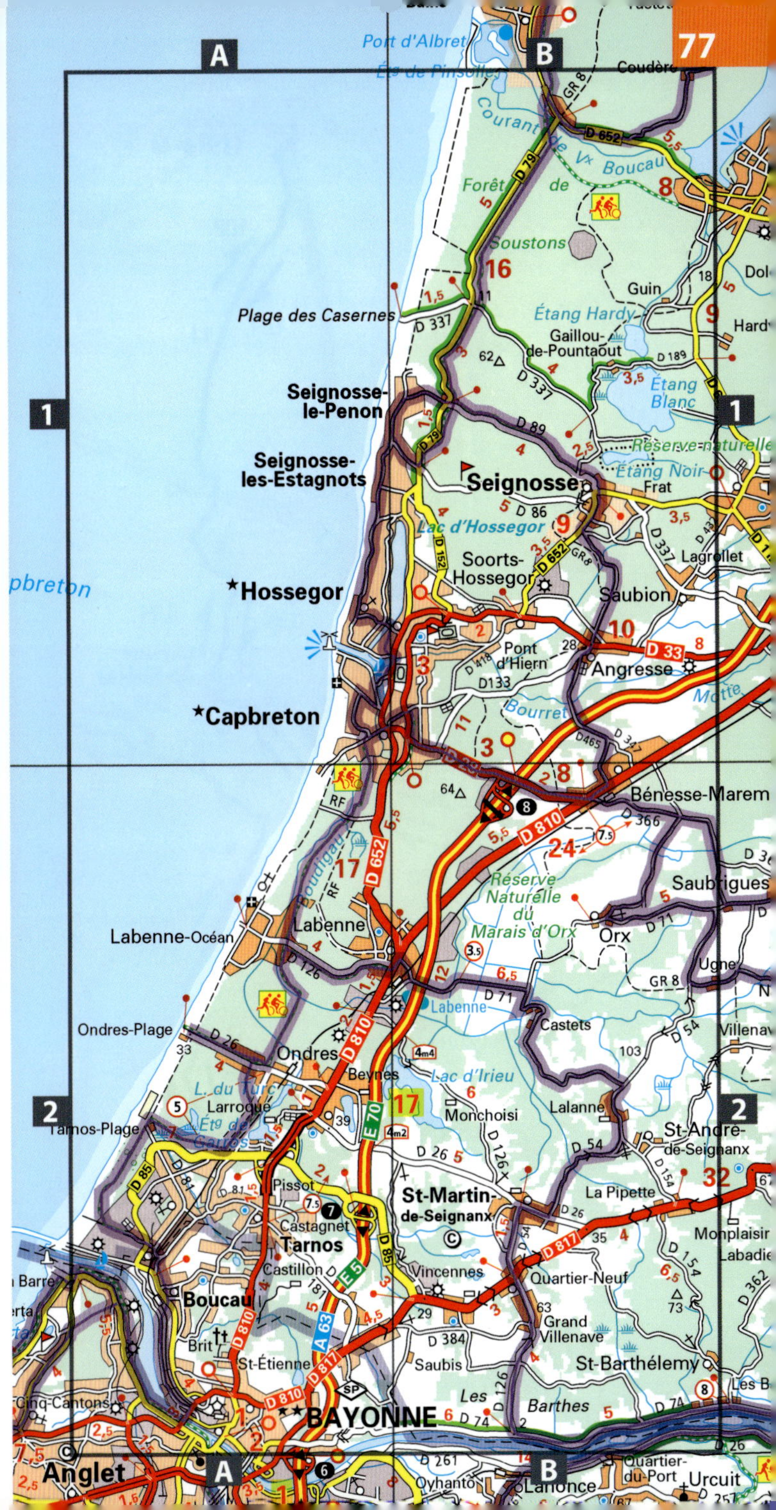
A
B
1
2
Port d'Albret
Étg de Pinsolle
Coudère
Courant de Vx Boucau
D 652
D 79
Forêt de Soustons
GR 8
Plage des Caserne
D 337
Guin
Dol
Étang Hardy
Hardy
Gaillou-de-Pountaout
D 189
Étang Blanc
Seignosse-le-Penon
D 89
Réserve naturelle
Étang Noir
Seignosse-les-Estagnots
Seignosse
Frat
D 86
Lac d'Hossegor
D 152
Soorts-Hossegor
Lagrollet
Capbreton
Hossegor
Saubion
Pont d'Hiern
D 418
D 133
Angresse
D 33
Motte
Bourret
Capbreton
D 465
Bénesse-Marem
D 810
D 366
Réserve Naturelle du Marais d'Orx
Saubrigues
Labenne
Labenne-Océan
Orx
D 71
D 126
Ugne
GR 8
Labenne
Ondres-Plage
Castets
D 54
Villenave
D 26
Ondres
Beynes
Lac d'Irieu
L. du Turc
Larroque
Étg de Garros
Tarnos-Plage
Monchoisi
Lalanne
E 70
St-André-de-Seignanx
D 85
D 81
Pissot
Castagnet
Tarnos
St-Martin-de-Seignanx
La Pipette
Monplaisir
Labadie
Barre
Castillon
E 5
Vincennes
D 817
Quartier-Neuf
D 154
D 362
Boucau
A 63
Grand Villenave
Brit
D 384
St-Étienne
Saubis
St-Barthélemy
Les B
Cinq-Cantons
BAYONNE
Les Barthes
D 74
Anglet
D 261
Oyhanto
Lanonce
Quartier-du-Port
Urcuit

Azur
0:45
1:11
7
60
Magescq
Magescq
D 150
D 116
A 63
1:08
1:07
11
D 423
D 16
48
RF
D 17
D 189
Étang Blanc
D 652
Réserve naturelle
10
9
D 810
D 824
D 113
D 13
D 450
6
A 63
E 5
E 70
D 112
D 337
St-Geours-de-Maremne
D 817
D 17
0:36
0:34
Saubusse
D 33
D 33
D 12
0:26
5
0:30
Siest
5
Orist
0:30
0:26
0:23
St-Jean-de-Marsacq
D 54
D 112
D 71
7
8
D 17
Lesponte
0:60
4
0:28
0:54
10
Saubrigues
1:05
D 366
D 71
345
0:50
0:47
0:40
St-Lon-les-Mines
6
GR 8
D 54
0:40
D 366
St-Martin-de-Hinx
D 345
St-Étienne-d'Orthe
0:40
D 75
Bellegarde
80
0:36
D 6
0:35
D 33
0:55
D 817
Port-de-Lanne
0:52
16%
D 817
6
67
D 154
Orthevielle
D 393
9
Gaves Réunis
D 261
D 23
D 362
GR 8
0:28
5
St-Laurent-de-Gosse
76
Adour
0:47
0:32
D 261
8
D 74
D 26
Urt
0:48
257
D 253
180
D 653
76
76

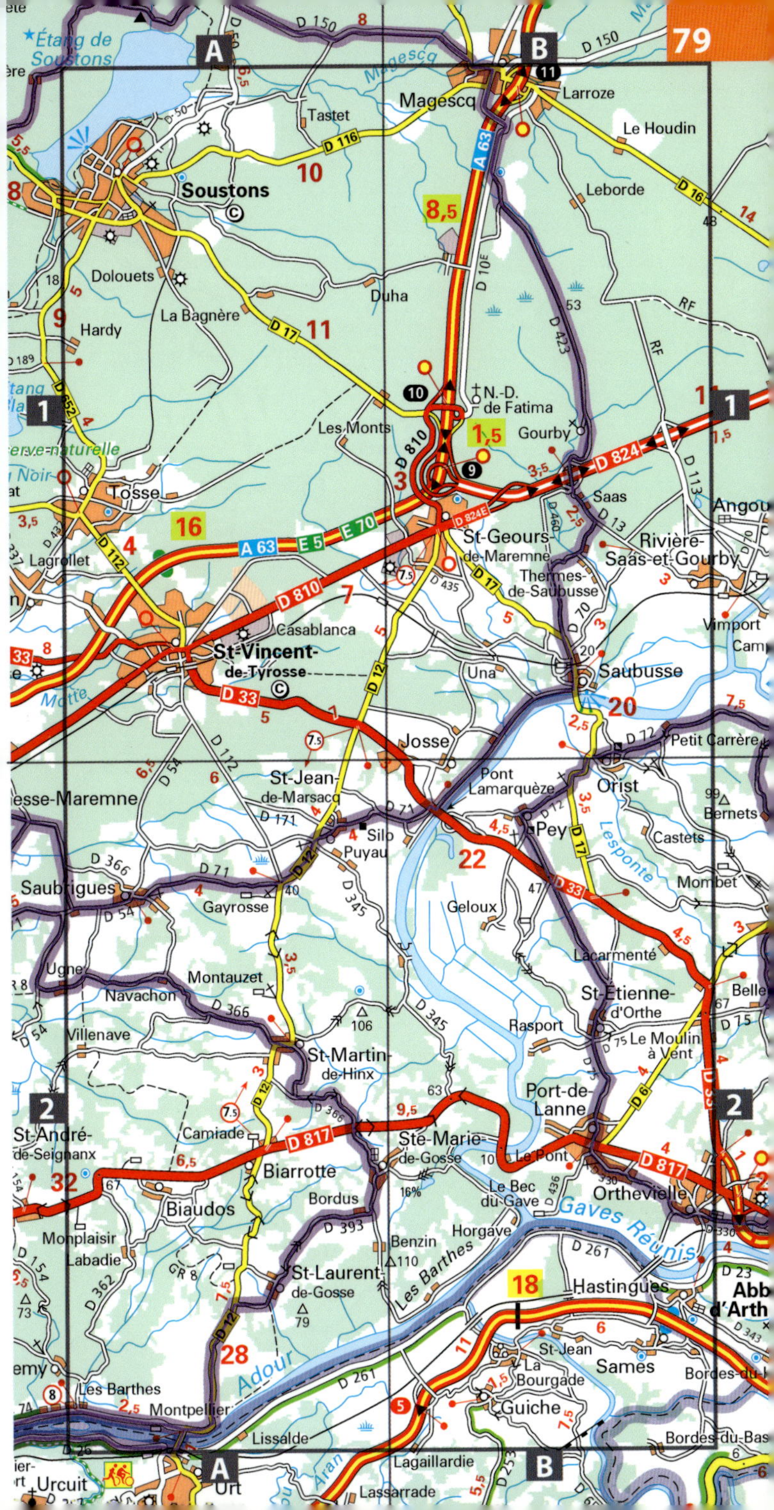

Étang de Soustons
Magescq
Larroze
Tastet
Le Houdin
Soustons
Leborde
Dolouets
Duha
La Bagnère
Hardy
N.-D. de Fatima
Les Monts
Gourby
Tosse
Saas
Angou
Lagrollet
St-Geours-de-Maremne
Rivière-Saas-et-Gourby
Thermes-de-Saubusse
Casablanca
St-Vincent-de-Tyrosse
Vimport
Una
Saubusse
Josse
Petit Carrère
St-Jean-de-Marsacq
Pont Lamarquèze
Orist
Bernets
Silo
Puyau
Pey
Castets
Saubrigues
Gayrosse
Geloux
Lesponte
Mombet
Lacarmenté
Ugne
Montauzet
St-Étienne-d'Orthe
Navachon
Rasport
Le Moulin à Vent
Villenave
St-Martin-de-Hinx
Port-de-Lanne
St-André-de-Seignanx
Camiade
Ste-Marie-de-Gosse
Le Pont
Biarrotte
Le Bec du Gave
Orthevielle
Biaudos
Bordus
Gaves Réunis
Monplaisir
Labadie
Benzin
Horgave
Les Barthes
St-Laurent-de-Gosse
Hastingues
Abb d'Arth
St-Jean
Sames
La Bourgade
Guiche
Adour
Les Barthes
Montpellier
Lissalde
Bordes-du-Bas
Urcuit
Urt
Lagaillardie
Lassarrade
Aran
A 63
E 5
E 70
D 810
D 824
D 817
D 33
D 17
D 12
D 116

80

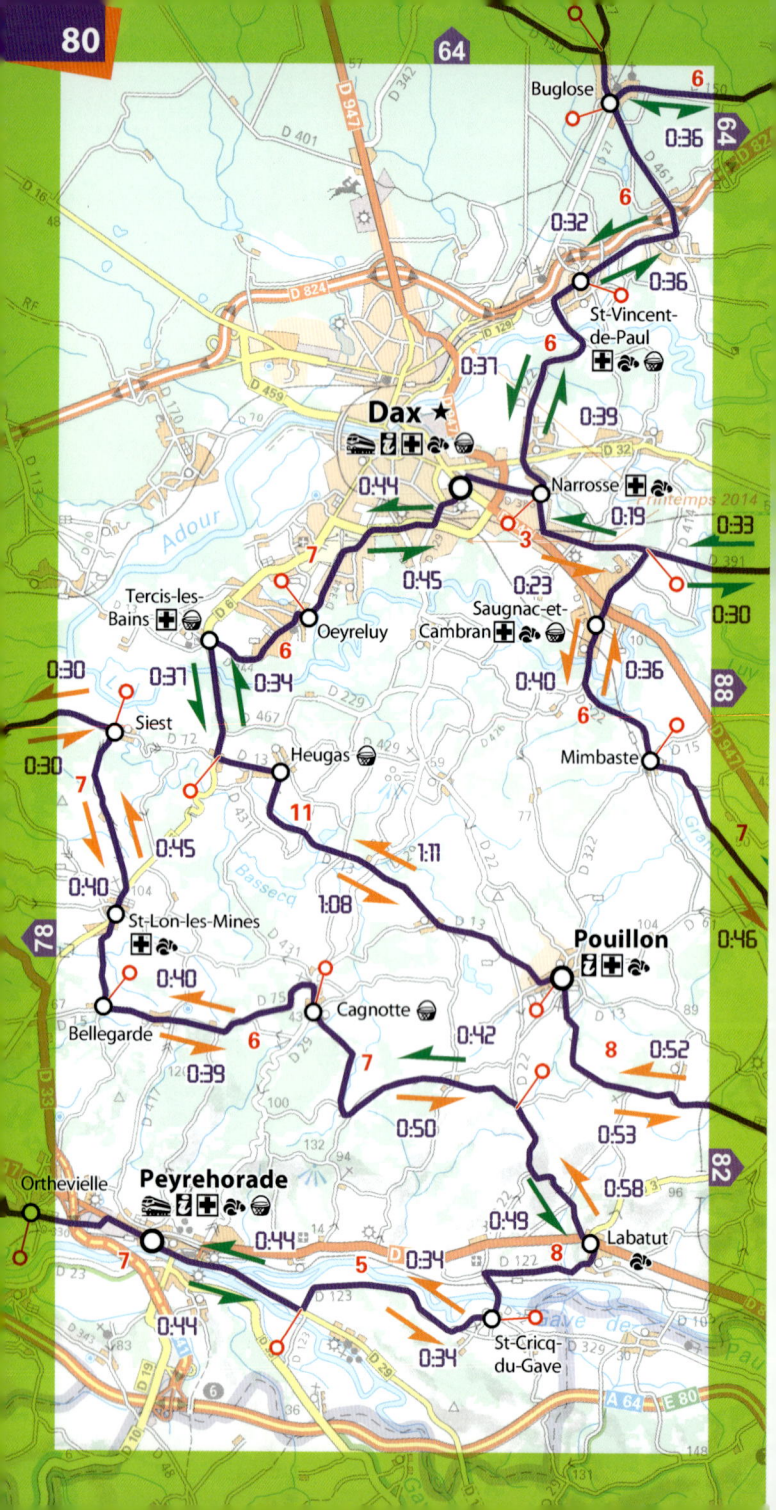

Buglose
0:36
6
6
0:32
0:36
St-Vincent-de-Paul
6
0:37
0:39
Dax ★
0:44
Narrosse
0:19
3
0:33
0:45
0:23
0:30
Tercis-les-Bains
Saugnac-et-Cambran
7
6
Oeyreluy
0:40
0:36
0:30
0:31
0:34
6
Mimbaste
0:30
Siest
7
Heugas
0:45
7
0:46
0:40
11
1:11
1:08
St-Lon-les-Mines
0:40
Pouillon
Bellegarde
6
Cagnotte
0:42
0:39
7
8
0:52
0:50
0:53
Orthevielle
Peyrehorade
0:58
0:49
7
0:44
5
0:34
8
Labatut
0:44
0:34
St-Cricq-du-Gave

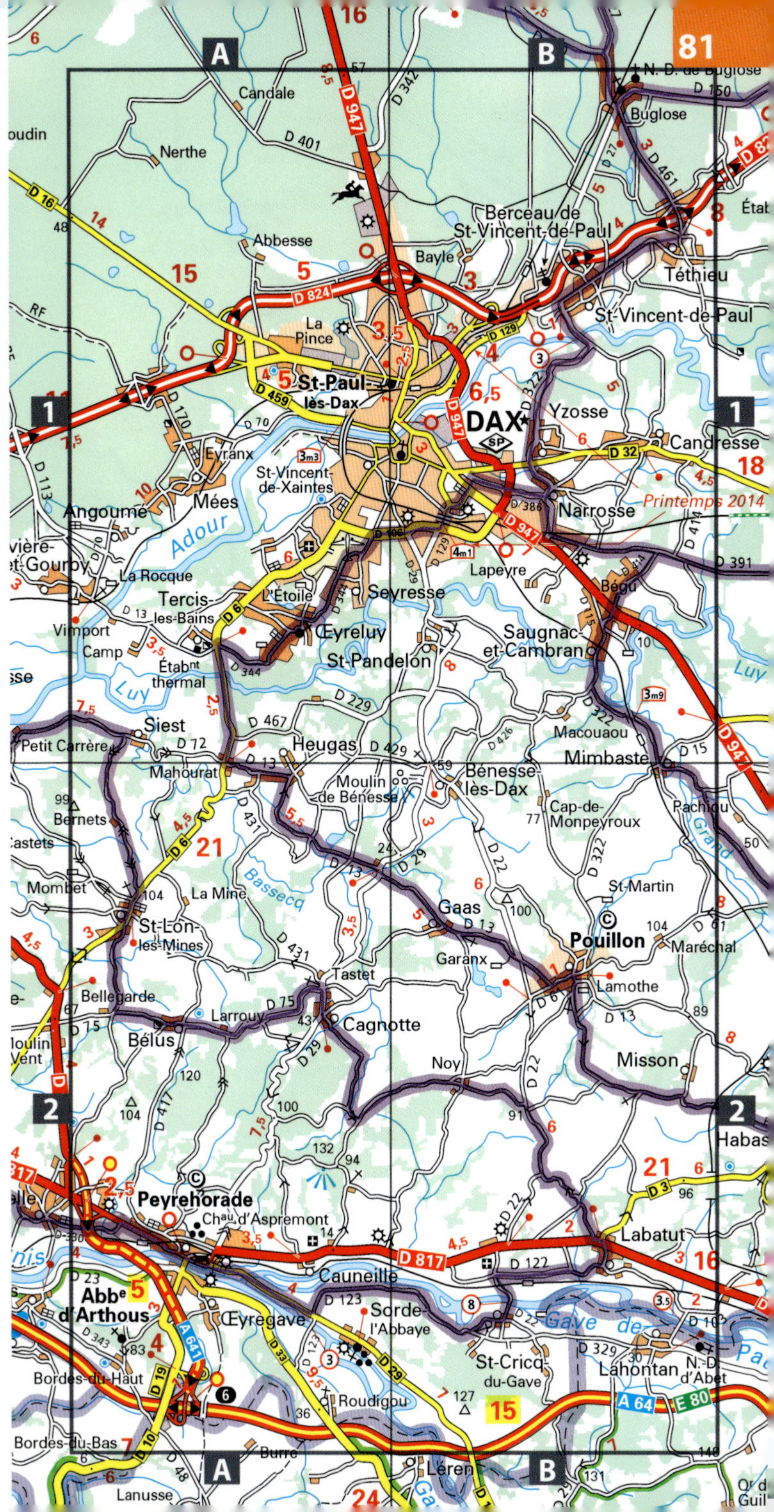
A
B
1
2
N. D. de Buglose
D 150
Buglose
Candale
D 342
D 947
D 401
Nerthe
D 461
D 16
D 82
Étab
Berceau de St-Vincent-de-Paul
Abbesse
Bayle
Téthieu
15
D 824
St-Vincent-de-Paul
La Pince
D 129
St-Paul-lès-Dax
D 459
D 170
D 70
DAX
Yzosse
D 322
D 32
Candresse
18
Eyranx
St-Vincent-de-Xaintes
Angoume
Mées
Adour
D 386
Narrosse
Printemps 2014
D 414
D 106
D 391
La Rocque
Lapeyre
Tercis-les-Bains
L'Étoile
Seyresse
Bégu
D 6
Vimport
Camp
Œyreluy
Saugnac-et-Cambran
St-Pandelon
Étabnt thermal
D 344
Luy
D 229
D 322
Macouaoù
Siest
D 467
Petit Carrère
D 72
Heugas
D 429
D 426
Mimbaste
D 15
Mahourat
D 13
Moulin de Bénesse
Bénesse-lès-Dax
Cap-de-Monpeyroux
Pachiou
Bernets
D 431
Castets
21
Bassecq
D 29
D 22
St-Martin
Mombet
La Mine
Gaas
D 13
Pouillon
Maréchal
St-Lon-les-Mines
D 431
Garanx
Tastet
Lamothe
Bellegarde
D 75
Larrouy
Cagnotte
D 13
Bélus
D 29
Noy
Misson
D 417
Habas
D 817
Peyrehorade
Chau d'Aspremont
D 3
Labatut
D 817
D 122
Cauneille
D 23
Abbe d'Arthous
D 123
Sorde-l'Abbaye
Œyregave
Gave de Pau
D 343
A 641
D 33
D 29
St-Cricq-du-Gave
D 329
Lahontan
N.-D. d'Abet
Bordes-du-Haut
D 19
Roudigou
A 64
E 80
Bordes-du-Bas
D 10
Burre
Léren
Lanusse
24
Guil

82

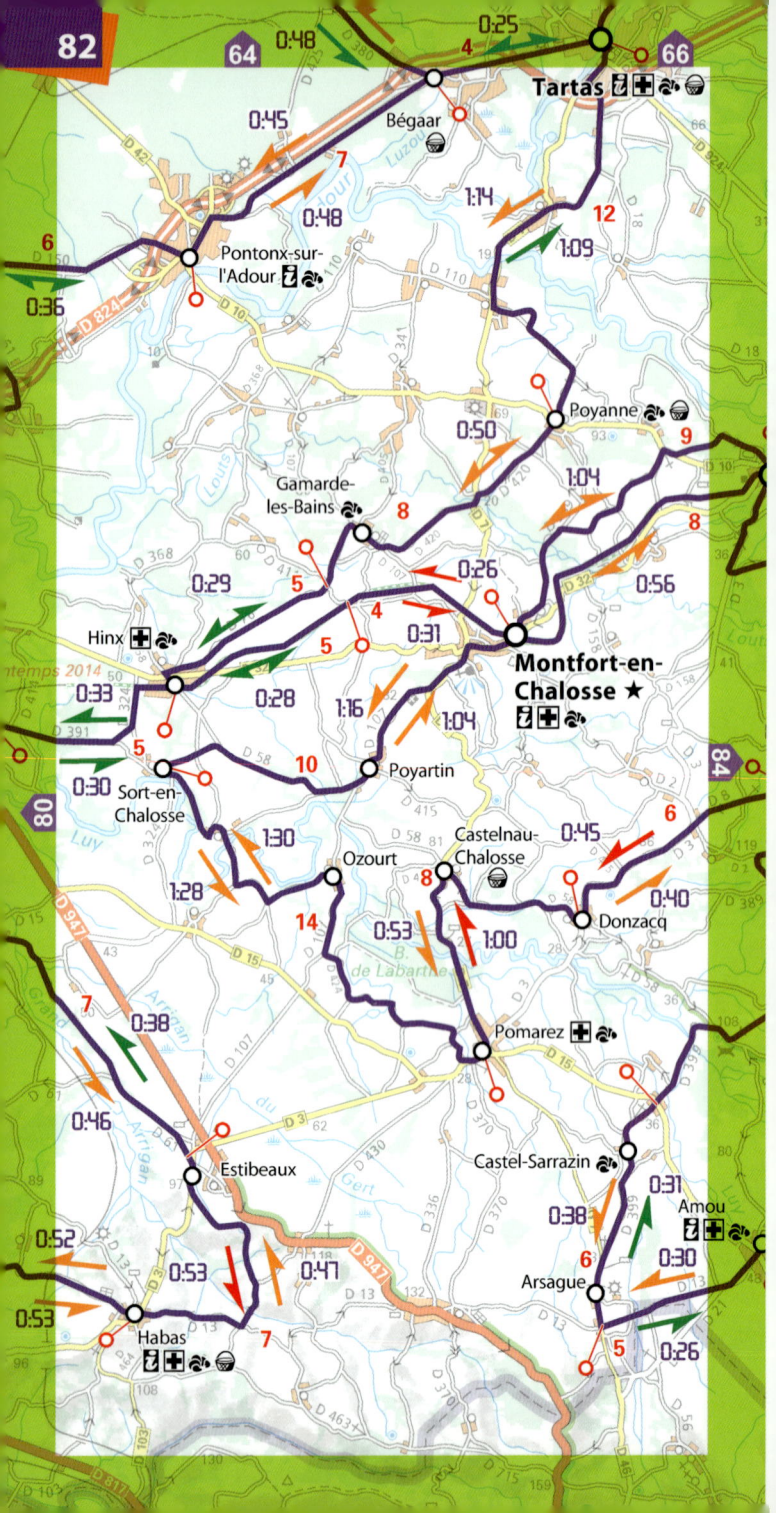

Tartas

Bégaar

Pontonx-sur-l'Adour

Poyanne

Gamarde-les-Bains

Hinx

Montfort-en-Chalosse ★

Sort-en-Chalosse

Poyartin

Ozourt

Castelnau-Chalosse

Donzacq

Pomarez

Estibeaux

Castel-Sarrazin

Amou

Arsague

Habas

From/To	Time
→ Tartas	0:25 / 4
Bégaar	0:48 / 0:45 / 7
Pontonx-sur-l'Adour	0:48 / 0:36 / 6
Bégaar → Tartas area	1:14 / 1:09 / 12
Poyanne	0:50 / 1:04 / 9
Poyanne → E	0:56 / 8
Gamarde-les-Bains	0:26 / 8
Hinx area	0:29 / 5 / 0:31 / 4
Hinx	0:33
Sort-en-Chalosse	0:30 / 5
Hinx → Poyartin	0:28 / 10
Montfort	1:16 / 1:04
Sort → Ozourt	1:30 / 1:28 / 14
Castelnau-Chalosse	0:53 / 8 / 1:00
Donzacq	0:45 / 0:40 / 6
Pomarez area	0:38 / 0:46 / 7
Estibeaux → Habas	0:53 / 0:47 / 7
Habas	0:52 / 0:53
Castel-Sarrazin → Arsague	0:38 / 6
Arsague → Amou	0:31 / 0:30 / 0:26 / 5

64 · 66 · 80 · 84

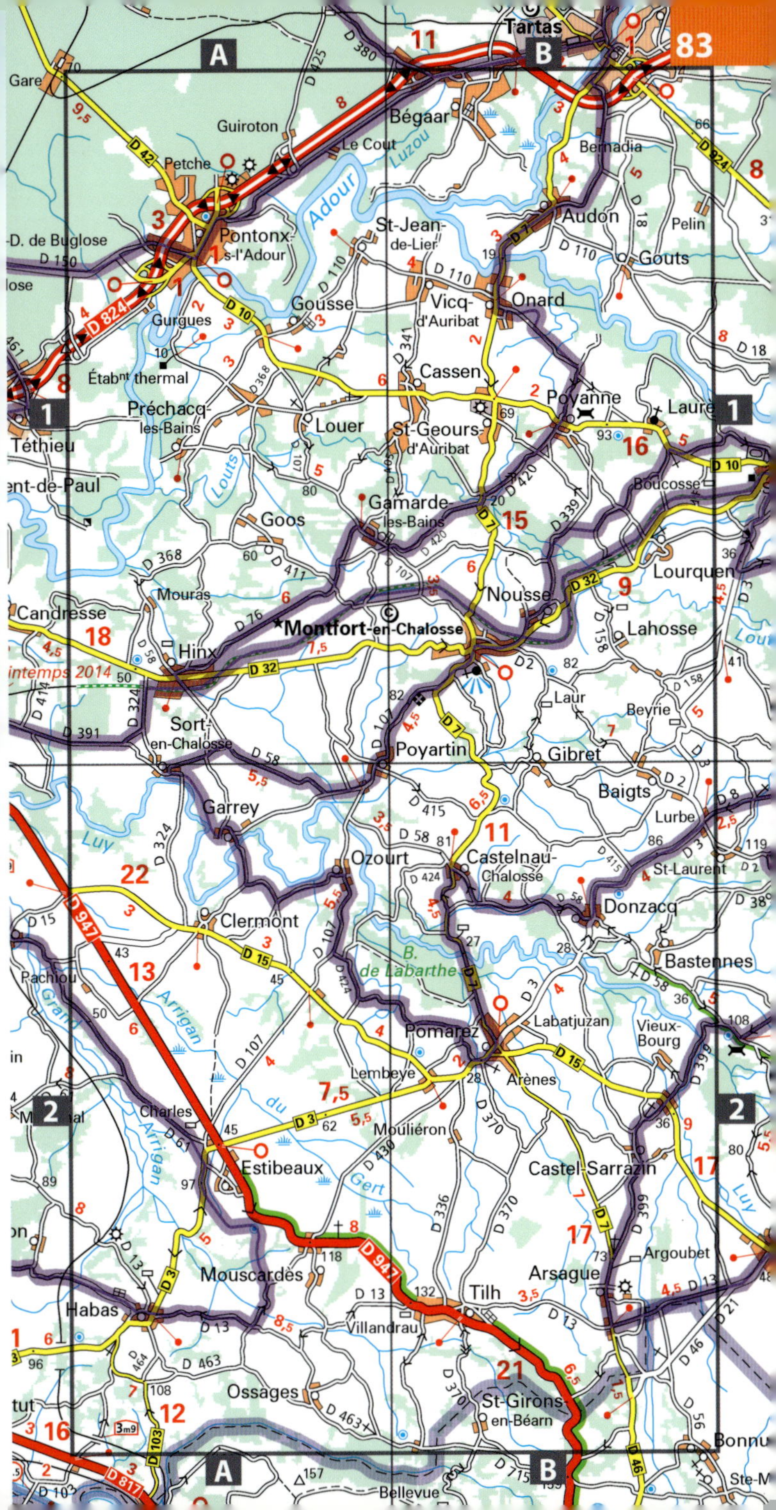

A
B
1
2
Tartas
Bégaar
Guiroton
Le Cout
Luzou
Petche
Gare
Bernadia
Pelin
Audon
Gouts
Adour
St-Jean-de-Lier
Pontonx-s-l'Adour
D. de Buglose
Gousse
Vicq-d'Auribat
Onard
Gurgues
Étabnt thermal
Cassen
Poyanne
Laurède
Préchacq-les-Bains
Louer
St-Geours-d'Auribat
Téthieu
Boucosse
Louts
Goos
Gamarde-les-Bains
Lourquen
Mouras
Nousse
Lahosse
Candresse
Montfort-en-Chalosse
Hinx
Laur
Beyrie
Sort-en-Chalosse
Poyartin
Gibret
Baigts
Lurbe
Garrey
Luy
Ozourt
Castelnau-Chalosse
St-Laurent
Clermont
Donzacq
Bastennes
B. de Labarthe
Pachiou
Arrigan
Labatjuzan
Vieux-Bourg
Pomarez
Lembeye
Arènes
Charles
Moulièron
Estibeaux
Gert
Castel-Sarrazin
Argoubet
Mouscardès
Arsague
Habas
Tilh
Villandrau
Ossages
St-Girons-en-Béarn
Bonnut
Bellevue
Ste-M
D 824
D 947
D 817
D 32
D 15
D 7
D 10
D 3
D 42
D 924
D 103
D 46

84

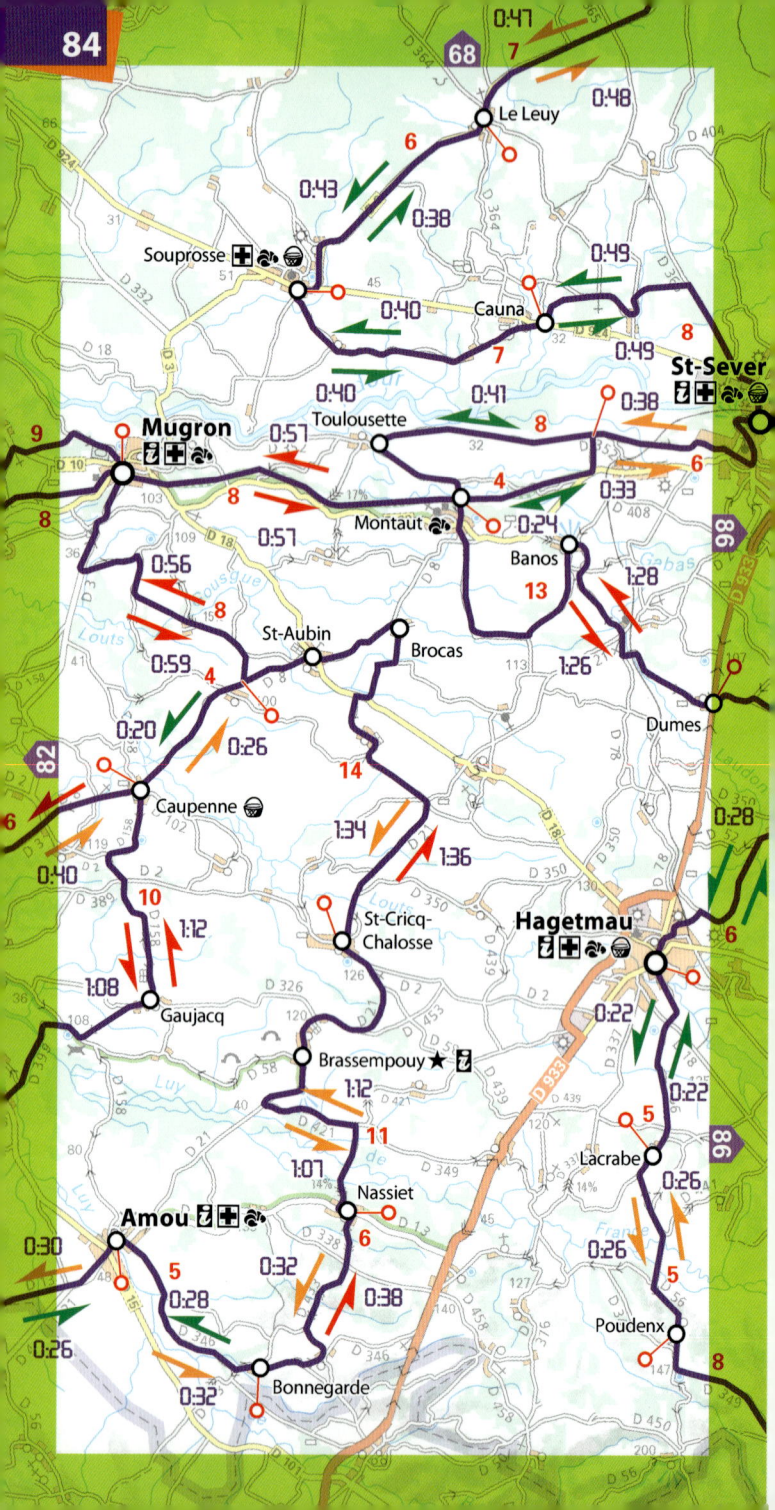

Map references

- Le Leuy
- Souprosse
- Cauna
- St-Sever
- Mugron
- Toulousette
- Montaut
- Banos
- Dumes
- St-Aubin
- Brocas
- Caupenne
- St-Cricq-Chalosse
- Hagetmau
- Gaujacq
- Brassempouy
- Lacrabe
- Amou
- Nassiet
- Poudenx
- Bonnegarde

Times and distances

- 0:47 — 7
- 0:48
- 6 — 0:43
- 0:38
- 0:49
- 0:40 — 7
- 0:49 — 8
- 0:40
- 0:41
- 0:38
- 9
- 0:57 — Mugron
- 8 — 0:33 — 6
- 8 — 0:57
- 4 — 0:24
- 0:56 — 8
- 13 — 1:28
- 0:59 — 4
- 1:26
- 0:20
- 0:26
- 14
- 1:34 — 1:36
- 0:40
- 10 — 1:12
- 0:28
- 1:08
- 0:22
- 1:12
- 11
- 1:07
- 5
- 0:26
- 6 — 0:32
- 0:26
- 0:30
- 5 — 0:28
- 0:38
- 5
- 0:26
- 8
- 0:32

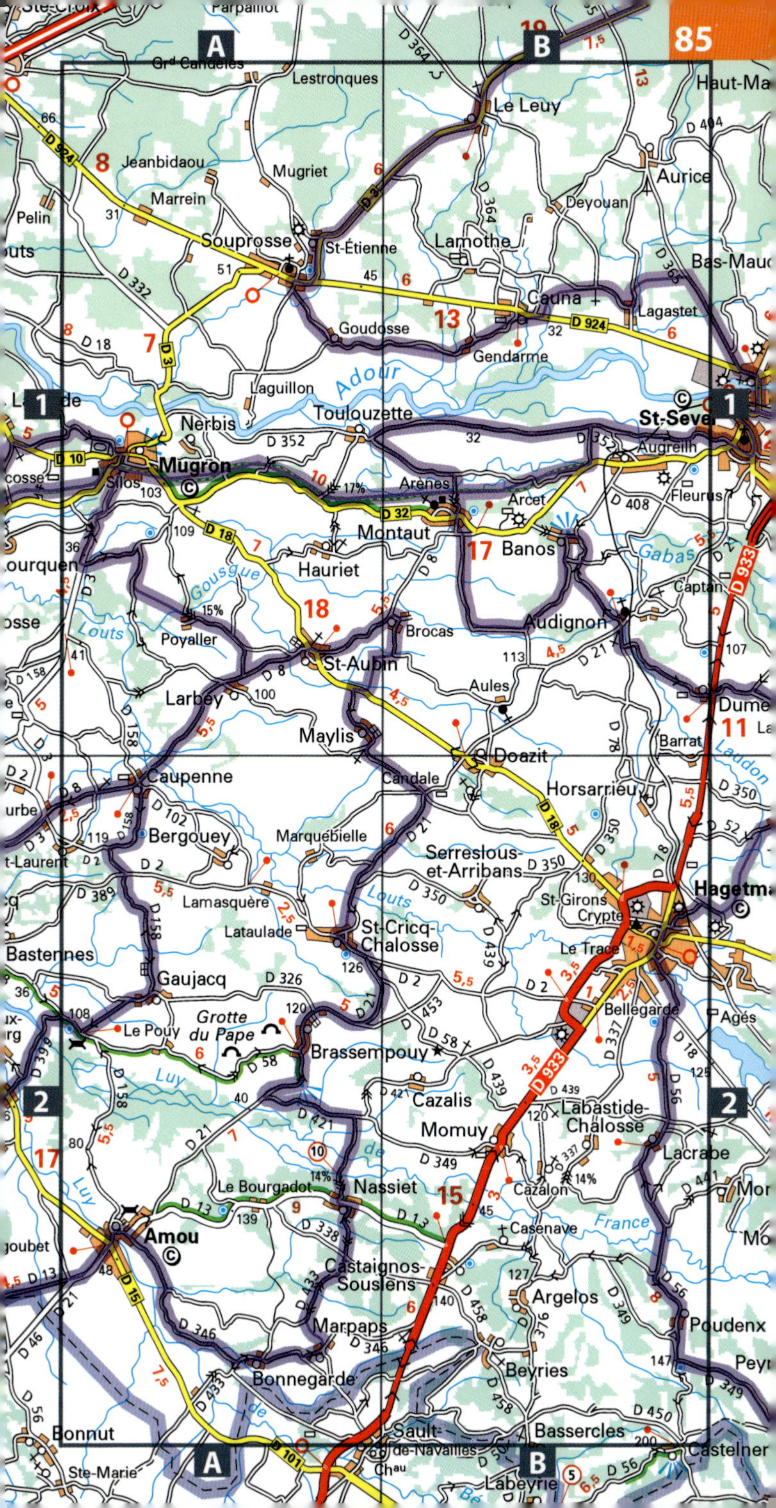
A
B
1
2
Parpaillot
Grd Candèles
Lestronques
Haut-Ma
Le Leuy
D 364
D 404
Jeanbidaou
Mugriet
Aurice
Pelin
Marrein
Deyouan
Souprosse
St-Étienne
Lamothe
Bas-Mauc
D 332
Cauna
Lagastet
Goudosse
D 924
Gendarme
D 18
D 3
Laguillon
Adour
Nerbis
Toulouzette
St-Sever
D 352
D 10
Mugron
Silos
Augreilh
Arènes
Arcet
Fleurus
D 408
D 32
Montaut
D 18
Hauriet
Banos
Gabas
Captan
D 933
Gousgue
Poyaller
Audignon
Louts
Brocas
St-Aubin
D 8
D 21
Larbey
Aules
Dume
Maylis
Barrat
Caupenne
Doazit
Candale
Horsarrieu
Laudon
D 350
D 102
Bergouey
Marquebielle
Serreslous-et-Arribans
D 2
D 389
D 158
Lamasquère
St-Girons
Crypte
Hagetma
Lataulade
St-Cricq-Chalosse
Le Tracé
Bastennes
D 439
Gaujacq
D 326
Bellegarde
Agés
Grotte du Pape
Le Pouy
Brassempouy
D 58
D 399
Luy
Cazalis
D 421
Labastide-Chalosse
Momuy
Lacrabe
D 349
Nassiet
Le Bourgadot
D 13
Cazalon
Casenave
France
D 338
Amou
Castaignos-Souslens
Argelos
D 458
D 376
D 15
D 346
Marpaps
Poudenx
Bonnegarde
Beyries
D 433
D 56
D 46
D 450
Bonnut
Bassercles
Sault-de-Navailles
Castelner
Ste-Marie
Chau
D 101
Labeyrie

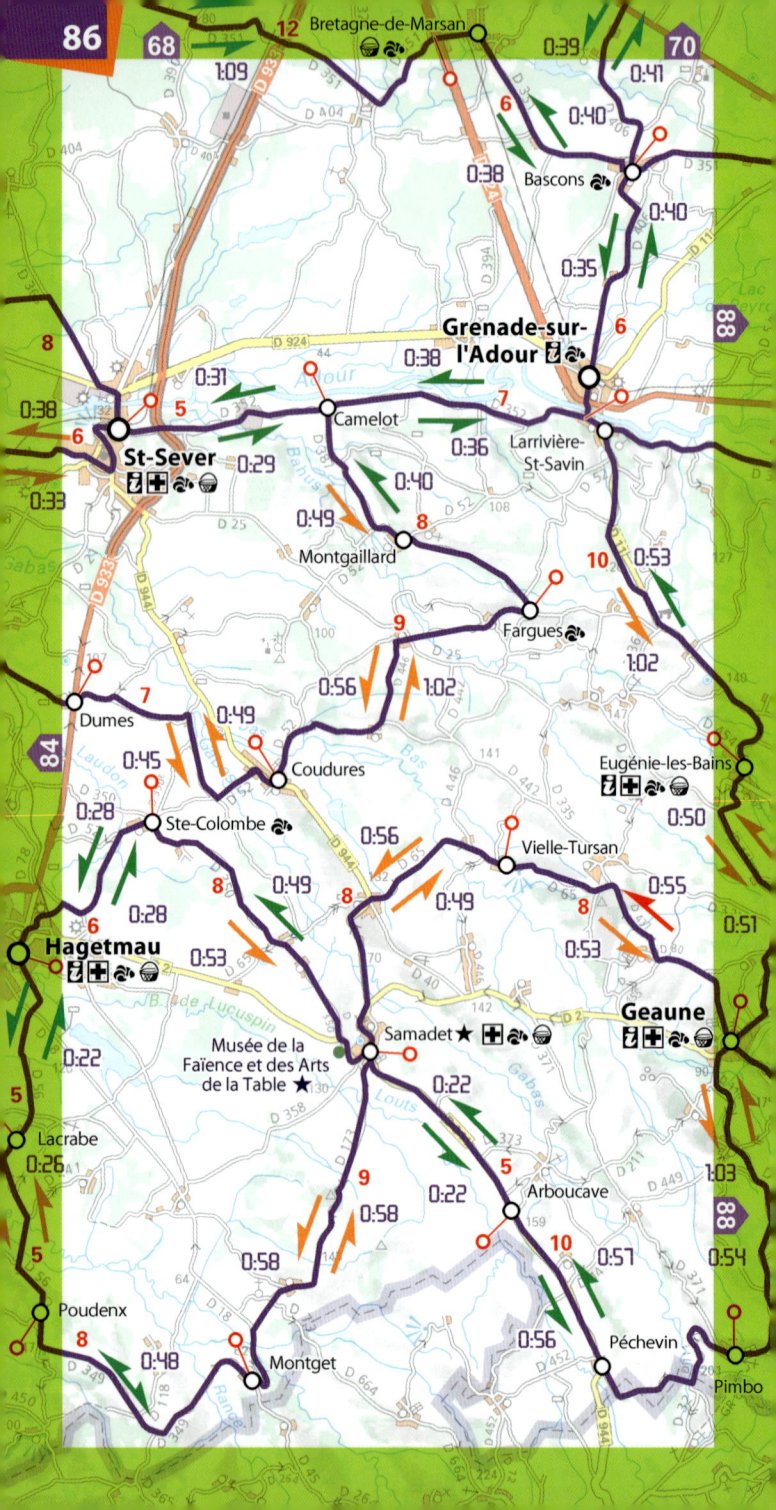

Map 87 — St-Sever / Grenade-sur-l'Adour / Hagetmau / Geaune

Sheet references: 86 · 68 · 70 · 84 · 88

Towns and locations

- Bretagne-de-Marsan
- Bascons
- Grenade-sur-l'Adour
- St-Sever
- Camelot
- Larrivière-St-Savin
- Montgaillard
- Dumes
- Coudures
- Fargues
- Eugénie-les-Bains
- Ste-Colombe
- Vielle-Tursan
- Hagetmau
- Samadet — Musée de la Faïence et des Arts de la Table ★
- Geaune
- Lacrabe
- Arboucave
- Poudenx
- Montget
- Péchevin
- Pimbo

Segment times / distances

- 12 — 1:09
- 0:39
- 6 — 0:40 / 0:41
- 0:38 — 0:40
- 0:35
- 6 — 0:31 / 0:38
- 8 — 0:38
- 6 — 0:33
- 5 — 0:29
- 7 — 0:36
- 0:40 — 0:49 — 8
- 10 — 0:53
- 9 — 0:56 / 1:02
- 1:02
- 7 — 0:49
- 0:45 — 0:28
- 8 — 0:49 — 8
- 0:56 — 0:49 — 8 — 0:53
- 0:55 — 0:51
- 6 — 0:28 — 0:53
- 0:50
- 0:22
- 5 — 0:26
- 0:22 — 5 — 0:22
- 1:03 — 0:54
- 9 — 0:58
- 10 — 0:57
- 0:58
- 5
- 8 — 0:48
- 0:56

A
B
1
2
Candille
Bretagne-de-Marsan
Bostens
N.-D. de la Course landaise
Artassenx
Haut-Mauco
Silo
St-Jean
Benquet
Lartigue
Jouandots
Bascons
Pourica
St-Christau
Aurice
Lahemme
Bas-Mauco
Jeanpierre
Pédelord
Durou
Grenade-sur-l'Adour
Ricaud
Lagastet
St-Maurice-sur-Adour
Adour
Ste-Eulalie
Péré
Camelot
Prous
Marras
St-Sever
Loubart
Larrivière-St-Savin
N.-D. du Rugby
Augreilh
Bahus
Robert
Fleurus
Soustras
Pierrons
Escales
Cazaubon
Montgaillard
Lanas
Gabas
Fargues
Larqué
Captan
Labouyrie
Montsoué
Boucou
Eyres-Moncube
Pouy de Montsoué
Bombarde
Borritz
Dumes
Lafféourère
Sarraziet
Buanes
Classun
Barrat
La Capère
Bas Gabas
Coudures
Berdatborde
Laudon
Laborde
Ste-Colombe
Ninon
Vielle-Tursan
St-Loubouer
Téoulé
Aubagnan
Les Castagnons
Hagetmau
Bats
Pécorade
Serres-Gaston
Urgons
Castelnau-Tursan
B. de Lucuspin
Agés
Samadet
Tour
Lande d'Agès
Chlle
Portets
Payros-Cazautets
Louts
Lacrabe
Arboucave
Morganx
Puyol-Cazalet
Monségur
Lacajunte
Mant
Poudenx
Bentéyou
Pimbo
Peyre
Monget
Péchevin
Philondenx
Malaussanne
Rance
Castelner
Montagut
Boucoue
Cabidos
Poursiugues-Boucou
Chalabart
Loup
D 933
D 824
D 924
D 944
D 2
D 11
D 351
D 404
D 352
D 52
D 25
D 350
D 65
D 358
D 373
D 449
D 371
D 18
D 349
D 446
D 442
D 335
D 394
D 406
D 381
D 369
D 454
D 437
D 211
D 118
D 664
D 452
D 264
D 45
D 441
D 56
D 78
D 365
D 390
D 321
D 173
D 40
D 455
D 80
D 350E
12
11
10
16
14
33

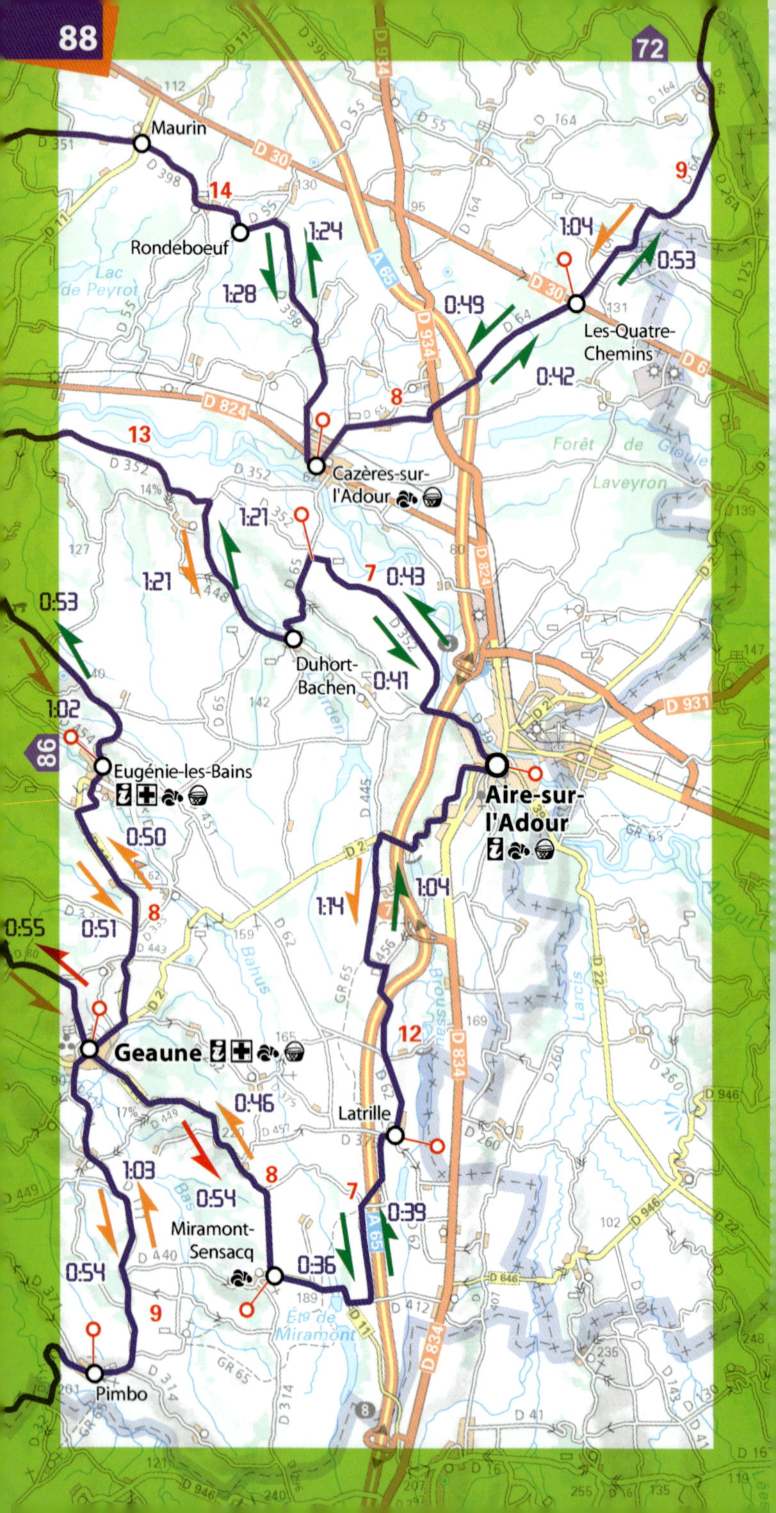
72
Maurin
Rondeboeuf
Lac de Peyrot
Les-Quatre-Chemins
Cazères-sur-l'Adour
Forêt de Gioulet
Laveyron
Duhort-Bachen
Eugénie-les-Bains
86
Aire-sur-l'Adour
Geaune
Latrille
Miramont-Sensacq
Étg de Miramont
Pimbo
Adour
Bahus
Broussau
Larcis
14
13
9
8
7
12
1:24
1:28
1:04
0:53
0:49
0:42
1:21
0:43
0:41
0:53
1:02
0:50
0:51
0:55
1:14
1:04
0:46
0:54
1:03
0:39
0:36
0:54

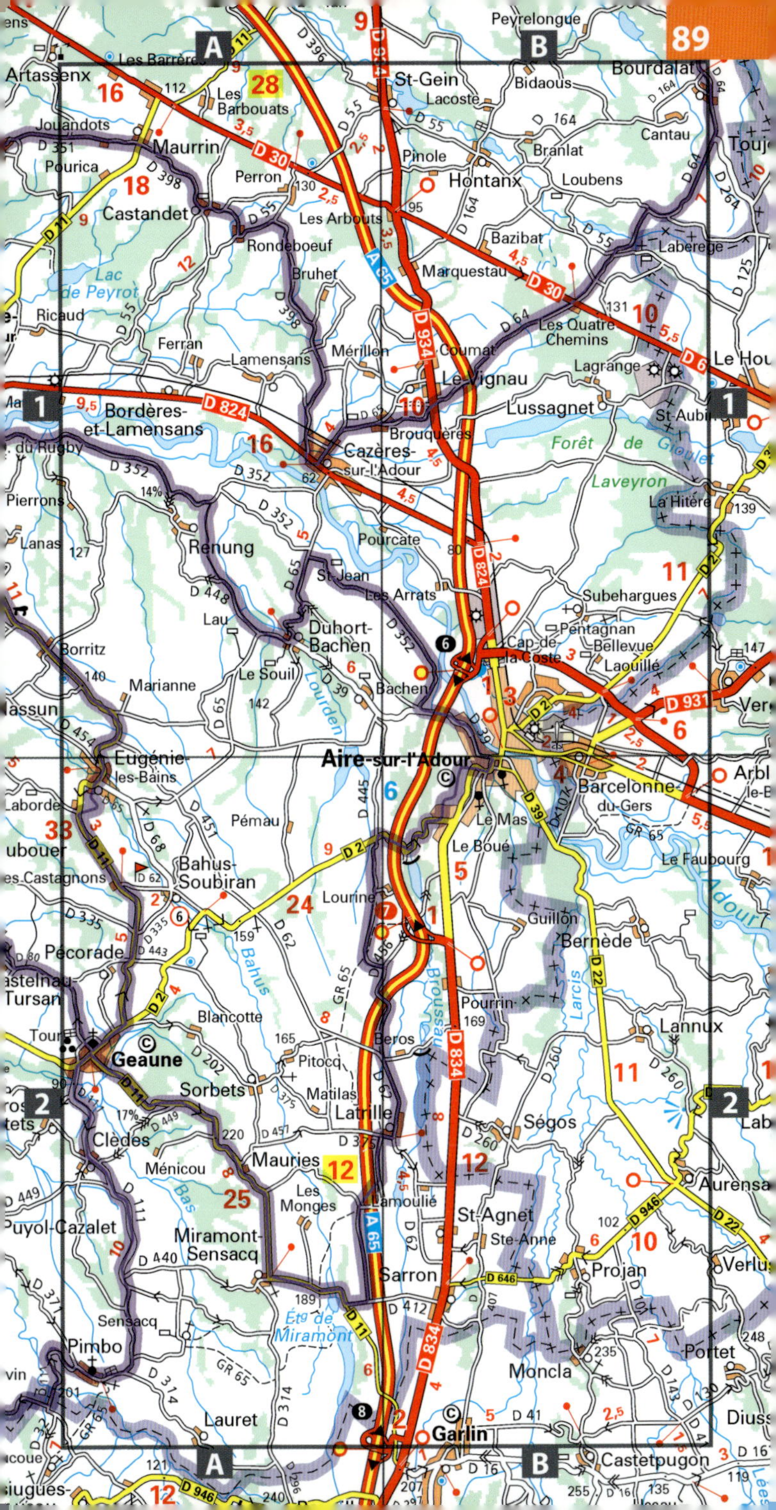
A
B
Peyrelongue
Bourdalat
Artassenx
Les Barrères
Les Barbouats
28
St-Gein
Bidaous
Lacoste
Jouandots
Maurrin
D 30
Pinole
Branlat
Cantau
Pourica
Perron
Hontanx
Loubens
Castandet
Les Arbouts
Bazibat
Rondeboeuf
Laberège
Lac de Peyrot
Bruhet
Marquestau
Ricaud
Les Quatre Chemins
Ferran
Lamensans
Mérillon
Coumat
Lagrange
Le Vignau
Le Hou
Bordères-et-Lamensans
D 824
Brouquères
Lussagnet
St-Aubin
Forêt de Gioulet
Cazères-sur-l'Adour
Laveyron
du Rugby
La Hitère
Pierrons
Pourcate
Lanas
Renung
St-Jean
Les Arrats
Subehargues
Lau
Duhort-Bachen
Pentagnan
Borritz
Cap-de-la-Coste
Bellevue
Laouillé
Le Souil
Marianne
Bachen
Lourden
D 931
Aire-sur-l'Adour
Eugénie-les-Bains
Laborde
Barcelonne-du-Gers
Pémau
Le Mas
Le Boué
Bahus-Soubiran
Le Faubourg
Lourine
Adour
Guillon
Pécorade
Bernède
Bahus
Blancotte
Pourrin
Larcis
Tursan
Lannux
Geaune
Beros
Pitocq
Sorbets
Matilas
Latrille
Ségos
Clèdes
Ménicou
Mauries
Les Monges
Lamoulié
Aurensan
Puyol-Cazalet
St-Agnet
Ste-Anne
Miramont-Sensacq
Projan
Verlus
Sarron
Étg de Miramont
Sensacq
Pimbo
Moncla
Portet
Lauret
Garlin
Diuss
Castetpugon

Ondres-Plage
Tarnos-Plage
0:50
2
8
4
Boucau
0:35
L. de Chiberta
0:19
3
6
Bayonne ★★
Biarritz ★★
5
0:34
Boucau
0:49
0:47
D 810
7
L. de Mouriscot
10
Bidart
1:11
10
Guéthary
1:11
0:54
92
D 932
Herauritz
D 655
D 255
D 755
St-Jean-de-Luz ★★
Ouhabia
D 350
6
0:38
0:38
7
0:47
St-Pée-sur-Nivelle
Ascain ★
0:44
1:06
Lac de St-Pée
0:47
Souraïde
10
6
0:44
1:13
GR 10
La Rhune ★★
Sare ★
D 305

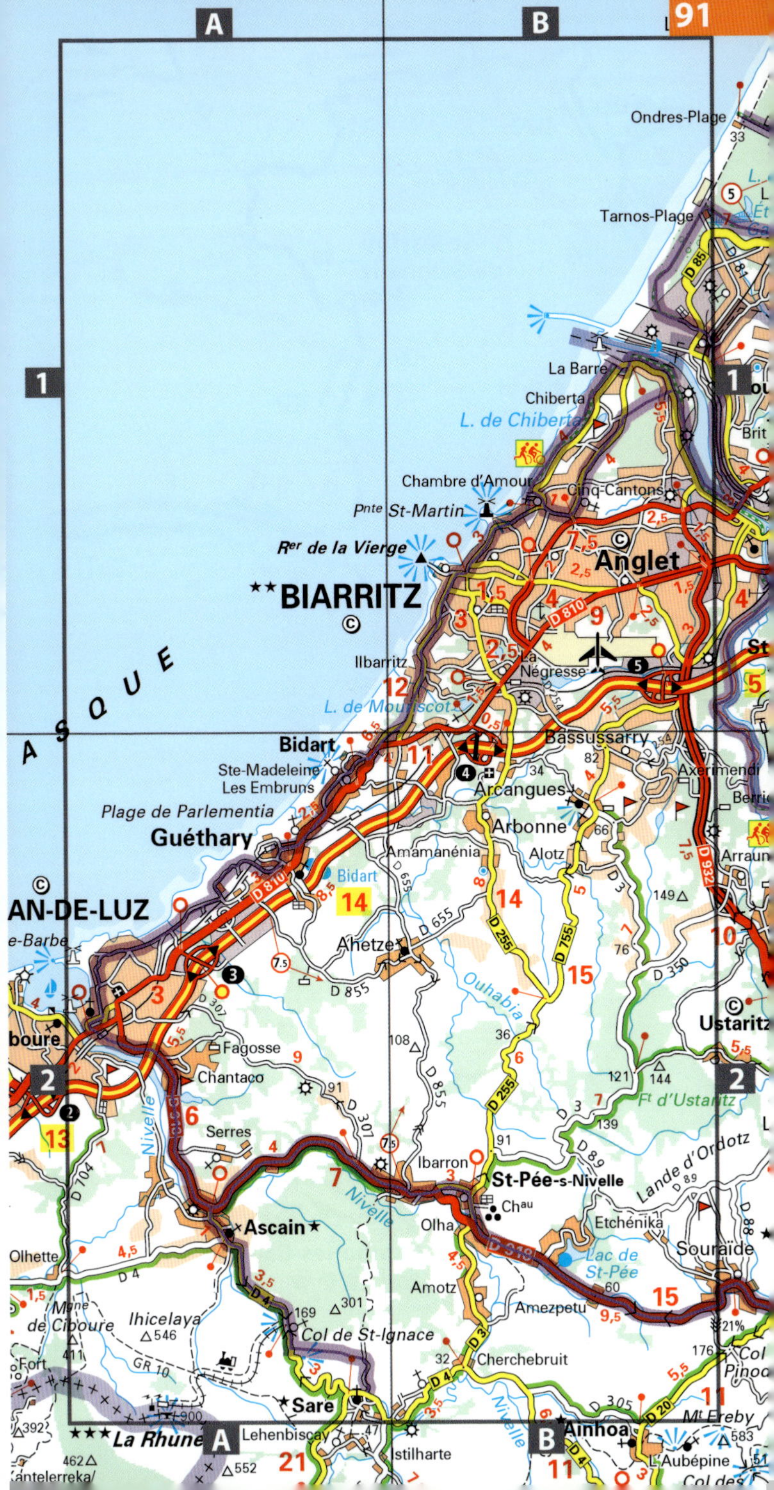
A
B
1
2
Ondres-Plage
Tarnos-Plage
La Barre
Chiberta
L. de Chiberta
Chambre d'Amour
Cinq-Cantons
Pnte St-Martin
Rer de la Vierge
Anglet
★★ BIARRITZ
Ilbarritz
La Négresse
L. de Mouriscot
Bidart
Ste-Madeleine
Les Embruns
Bassussarry
Arcangues
Arbonne
Plage de Parlementia
Guéthary
Amamanénia
Alotz
Axerimendi
Arraun
AN-DE-LUZ
e-Barbe
Ahetze
Ouhabia
Ustaritz
boure
Fagosse
Chantaco
Serres
Nivelle
Ft d'Ustaritz
Lande d'Ordotz
Ibarron
St-Pée-s-Nivelle
Chau
Olha
Etchénika
Souraïde
Lac de St-Pée
Ascain ★
Olhette
Mgne de Ciboure
Ihicelaya
Amotz
Amezpetu
Col de St-Ignace
Cherchebruit
Col Pinod
GR 10
Sare
Mt Ereby
★★★ La Rhune
Lehenbiscay
Istilharte
Ainhoa
L'Aubépine
D 810
D 932
D 255
D 755
D 655
D 855
D 307
D 350
D 918
D 4
D 3
D 89
D 704
D 20
D 85

92

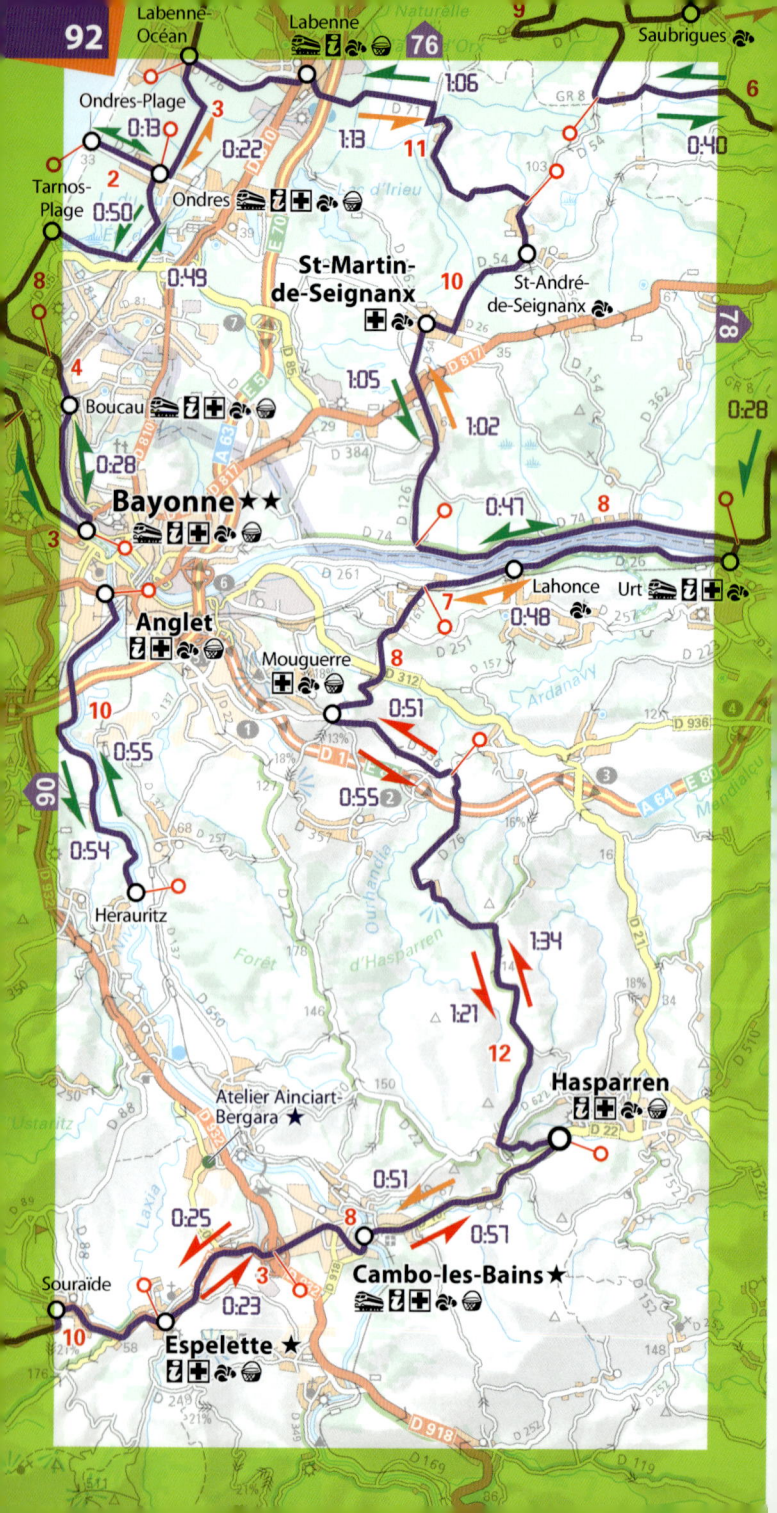

- Labenne-Océan
- Labenne
- Saubrigues
- Ondres-Plage 0:13
- 3
- 0:22
- 1:06
- 1:13
- 11
- 0:40
- 6
- Tarnos-Plage
- 2 0:50
- Ondres
- 0:49
- St-Martin-de-Seignanx
- 10
- St-André-de-Seignanx
- 78
- 0:28
- 1:05
- 1:02
- 4
- Boucau
- 0:28
- 0:47
- 8
- Bayonne ★★
- 3
- Lahonce 0:48
- Urt
- Anglet
- 7
- Mouguerre
- 8
- 0:51
- 10
- 0:55
- 0:55 2
- 90
- 0:54
- Herauritz
- 1:34
- 1:21
- 12
- Atelier Ainciart-Bergara ★
- Hasparren
- 0:51
- 0:57
- 0:25
- 8
- Cambo-les-Bains ★
- Souraïde
- 3
- 0:23
- 10
- Espelette ★

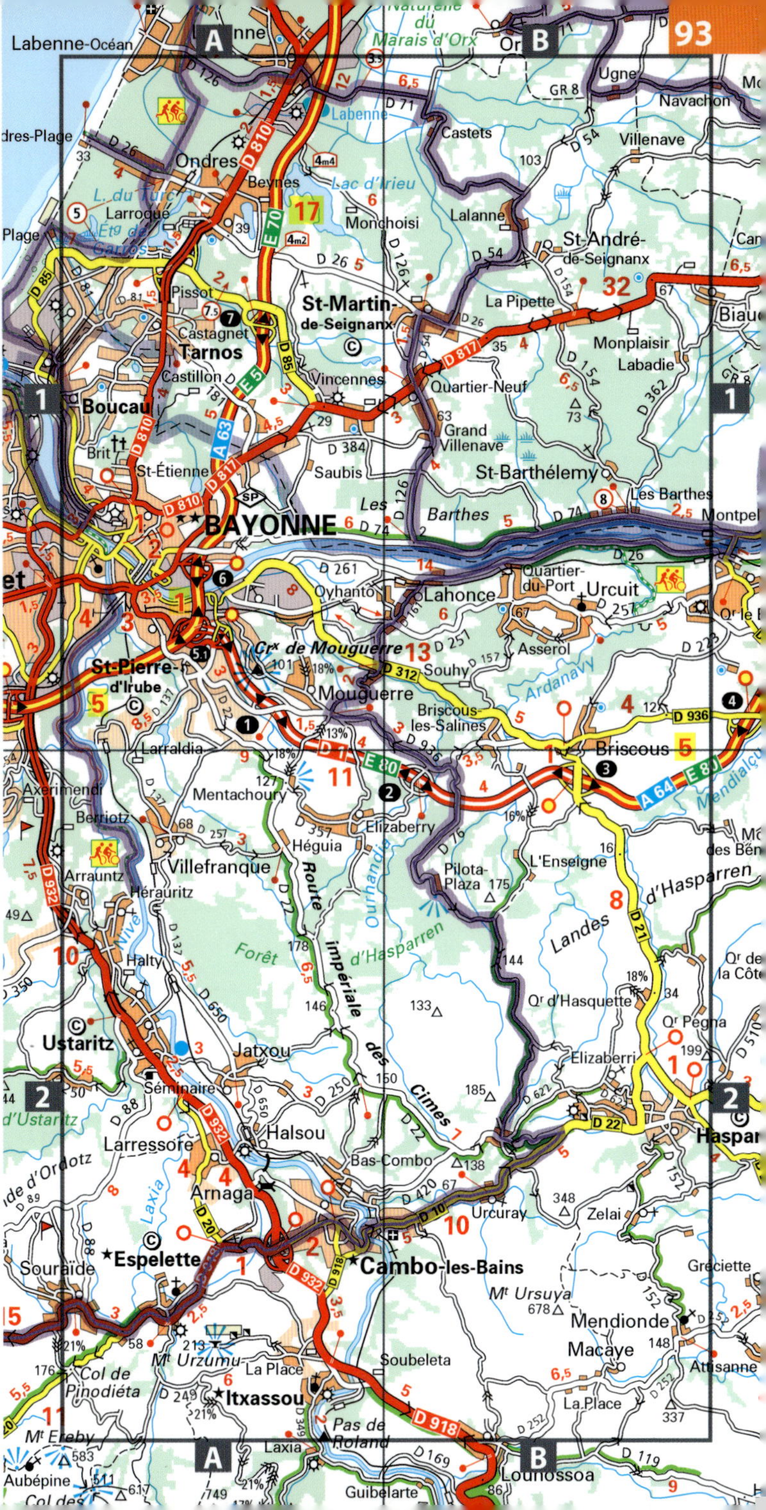
Labenne-Océan
Marais d'Orx
Ugne
Navachon
Castets
Labenne
Ondres
Beyres
Lac d'Irieu
Villenave
L. du Turc
Larrogue
Étg de Garros
Monchoisi
Lalanne
St-André-de-Seignanx
St-Martin-de-Seignanx
La Pipette
Pissot
Castagnet
Tarnos
Monplaisir
Labadie
Castillon
Vincennes
Quartier-Neuf
Boucau
Grand Villenave
Brit
St-Étienne
Saubis
St-Barthélemy
Les Barthes
BAYONNE
Montpel
Quartier-du-Port
Urcuit
Oyhanto
Lahonce
Crx de Mouguerre
Asserol
St-Pierre-d'Irube
Souhy
Ardanavy
Mouguerre
Briscous-les-Salines
Briscous
Larraldia
Mentachoury
Elizaberry
Axerimendi
Berriotz
Héguia
L'Enseigne
Villefranque
Arrauntz
Héraurit
Pilota-Plaza
Ourhandia
Landes d'Hasparren
Route impériale des Cimes
Halty
Forêt d'Hasparren
Qr de la Côte
Qr d'Hasquette
Ustaritz
Qr Pegna
Jatxou
Elizaberri
Séminaire
Halsou
Larressore
Hasparren
Bas-Combo
Laxia
Arnaga
Urcuray
Zelai
Souraïde
Espelette
Cambo-les-Bains
Gréciette
Mt Ursuya
Mendionde
Macaye
Col de Pinodiéta
Mt Urzumu
La Place
Soubeleta
Attisanne
Itxassou
Pas de Roland
Mt Ereby
Aubépine
Laxia
Guibelarte
Louhossoa
D 810
D 817
D 932
D 918
D 936
D 312
D 22
D 21
D 20
A 63
A 64
E 80
E 70
E 5

Index

A

Entry	Ref
Abzac	19 A1
Ahetze	91 B1
Aillas	41 A2
Aire-sur-l'Adour	89 B2
Allons	57 A2
Ambarès-et-Lagrave	13 B1
Ambrus	59 A2
L'Amélie-sur-Mer	3 A1
Amou	85 A2
Andernos-les-Bains	7 B1
Anglet	91 B1
Angoumé	81 A1
Angresse	77 B1
Antagnac	57 B1
Anzex	59 A1
Arbis	17 A2
Arbonne	91 B2
Arboucave	87 B2
Arcachon	29 B1
Arcangues	91 B2
Arengosse	67 B1
Arès	7 A2
Argelos	85 B2
Argelouse	55 A1
Argenton	43 A2
Arjuzanx	67 A1
Arsague	83 B2
Artassenx	71 B2
Arthez-d'Armagnac	73 A2
Arthous (Abbaye d')	81 A2
Les Artigues-de-Lussac	19 A2
Artigues-près-Bordeaux	13 B1
Arue	71 B1
Arveyres	15 B1
Arx	57 B2
Ascain	91 A2
Asques	15 A1
Aubagnan	87 A2
Aubiac	39 A2
Audenge	31 A1
Audignon	85 B1
Audon	83 B1
Aureilhan	45 B2
Aurensan	89 A2
Auriac-sur-Dropt	43 B1
Aurice	85 B1
Auriolles	23 A2
Auros	39 B2
Ayguemorte-les-Graves	13 B2
Ayzieu	75 B2
Azur	61 B2

B

Entry	Ref
Bâgé-la-Ville	57 A2
Bagas	41 A1
Bahus-Soubiran	89 A2
Baigneaux	17 A2
Baigts	83 B2
Baleyssagues	23 B2
Balizac	37 A2
Banos	85 B1
Barbotan-les-Thermes	75 B2
Barcelonne-du-Gers	89 B2
La Barde	19 B1
Barie	39 B1
Baron	15 B2
Le Barp	33 B1
Barsac	37 B1
Bas-Mauco	87 A1
Bascons	87 B1
Bassanne	41 A1
Bassens	13 B1
Bassercles	85 B2
Bassussarry	91 B1
Bastennes	83 B2
Bats	87 B1
Baudignan	75 B1
Baurech	15 A2
Bayonne	77 A2
Bazas	39 A2
Beaupuy	43 A1
Beautiran	15 A2
Beauziac	57 B1
Bégaar	83 B1
Bègles	13 B2
Béguey	37 B1
Belhade	53 B1
Belin-Béliet	33 A2
Bélis	71 A1
Bellebat	17 A2
Bellefond	17 B2
Bélus	81 A2
Belvès-de-Castillon	19 A2
Bénesse-lès-Dax	81 B2
Bénesse-Maremne	77 B1
Benquet	87 B1
Bergerac	27 B1
Bergouey	85 A2
Bernède	89 B2
Berthez	39 B2
Betbezer-d'Armagnac	73 B2
Beychac-et-Caillau	15 A1
Beylongue	67 A2
Beyries	85 B2
Biarritz	91 B1
Biarritz-Bayonne-Anglet (Aéroport de)	91 B1
Biarrotte	79 A2
Biaudos	79 A2
Bidart	91 A2
Bieujac	39 B1
Biganos	31 B1
Birac	39 B2
Birac-sur-Trec	43 B2
Biscarrosse	45 B1
Biscarrosse-Plage	29 A2
Blaignac	41 A1
Blanquefort	13 A1
Blasimon	17 B2
Blésignac	17 A1
Bombannes	5 A2
Bommes	37 B1
Bonnegarde	85 A2
Bonnetan	15 A2
Bonneville-et-Saint-Avit-de-Fumadières	21 A2
Bonnut	83 B2
Boos	65 A2
Bordeaux	13 A1
Bordeaux-Mérignac (Aéroport de)	11 B1
Bordères-et-Lamensans	89 A1
Bostens	71 B2
Boucau	77 A2
Bouglon	43 A2
Bougue	71 B2
Bouliac	13 B2
Bouniagues	27 B2
Bourdalat	89 B1
Bourdelles	41 B1
Le Bouscat	13 A1
Boussès	59 A2
Branne	17 A1
Brannens	39 B2
Brassempouy	85 B2
La Brède	35 B1
Bretagne-de-Marsan	71 A2
Bridoire (Château de)	27 A2
Briscous	93 B1
Brocas	69 B1
Brouqueyran	39 B2
Bruges	13 A1
Buanes	87 B1
Budos	37 B1

C

Entry	Ref
Cabanac-et-Villagrains	35 B1
Cabara	17 B1
Cachen	71 A1
Cadarsac	15 B1
Cadaujac	13 B2
Cadillac	37 B1
Cadillac-en-Fronsadais	15 A1
Cagnotte	81 A2
Callen	55 B1
Calonges	59 B1
Camarsac	15 B2
Cambes	13 B2
Camblanes-et-Meynac	13 B2
Cambo-les-Bains	93 A2
Camiac-et-Saint-Denis	15 B2
Camiran	41 A1
Campagne	69 A2
Campagne-d'Armagnac	75 B2
Campet-et-Lamolère	69 A2
Camps-sur-l'Isle	19 B2
Campsegret	27 B1

Candresse	81 B1	
Canéjan	13 A2	
Canenx-et-Réaut	71 A1	
Le Canon	29 A1	
Cantois	17 A2	
Cap-de-l'Homy-Plage	61 B1	
Cap-Ferret	29 A1	
Capbreton	77 A1	
Capian	15 B2	
Caplong	23 B2	
Carbon-Blanc	13 A1	
Carcans	5 B2	
Carcans-Plage	5 B2	
Carcarès-Sainte-Croix	67 A2	
Carcen-Ponson	67 A2	
Carignan-de-Bordeaux	15 A2	
Carsac-de-Gurson	21 A2	
Cassen	83 B1	
Casseuil	39 B1	
Castaignos-Souslens	85 B2	
Castandet	89 A1	
Castel-Sarrazin	83 B2	
Casteljaloux	59 A1	
Castelnau-Chalosse	83 B2	
Castelnau-sur-Gupie	43 A1	
Castelnau-Tursan	87 B2	
Castelner	85 B2	
Castelviel	17 A2	
Castets	63 B2	
Castets-en-Dorthe	39 B1	
Castex-d'Armagnac	73 B2	
Castillon-de-Castets	39 B1	
Castillon-la-Bataille	19 B2	
Castres-Gironde	15 A2	
Caubeyres	59 B1	
Caubon-Saint-Sauveur	43 B1	
Caudéran	13 A1	
Caudos	31 A2	
Caudrot	39 B1	
Caumont	23 A2	
Caumont-sur-Garonne	43 B2	
Cauna	85 B1	
Cauneille	81 B1	
Caupenne	85 A2	
Cauvignac	41 A2	
Cazalis	85 B2	
Cazats	39 A2	
Cazaubon	75 A2	
Cazaugitat	23 A2	
Cazaux	29 B2	
Cazères-sur-l'Adour	89 A1	
Cénac	13 B2	
Cenon	13 B1	
Cère	69 B1	
Cérons	37 B2	
Cessac	17 A2	
Cestas	11 B2	
Chamadelle	19 B1	
Ciboure	91 A2	
Civrac-sur-Dordogne	17 A2	
Claouey	7 A2	
Classun	87 B1	
Clèdes	89 A2	
Clermont	83 A2	
La Clotte	19 A1	
Cocumont	41 B2	
Coimères	39 A2	
Coirac	17 B2	
Colombier	27 B2	
Commensacq	53 A2	
Conne-de-Labarde	27 B2	
Coubeyrac	23 A2	
Coudures	87 A2	
Courpiac	17 A2	
Cours-de-Monségur	43 A1	
Cours-de-Pile	27 B1	
Cours-les-Bains	41 A2	
Couthures-sur-Garonne	41 B2	
Coutras	19 A1	
Coutures	41 B1	
Créon	15 B2	
Créon-d'Armagnac	75 A1	
Creysse	27 B1	
Croignon	15 B2	
Cubzac-les-Ponts	15 A1	
Cudos	39 A2	
Cunèges	25 B2	
Cursan	15 B2	

D

Daignac	17 A1	
Dardenac	17 A1	
Daubèze	17 B2	
Dax	81 B1	
Dieulivol	23 B2	
Doazit	85 B2	
Donzac	39 A1	
Donzacq	83 B2	
Doulezon	23 A2	
Duhort-Bachen	89 A1	
Dumes	85 B1	
Durance	59 A2	
Duras	25 A2	

E

Les Églisottes-et-Chalaures	19 B1	
Elizaberry	93 A2	
Escalans	75 B2	
Escassefort	43 B1	
Esclottes	23 B2	
Esconac	13 B2	
Escource	49 B1	
Espelette	93 A2	
Espiet	17 A1	
Les Esseintes	41 A1	
Estang	75 A2	
Estibeaux	83 A2	
Estigarde	75 A1	
Eugénie-les-Bains	89 A2	
Eygurande-Gardedeuil	21 B1	
Eymet	27 A2	
Eynesse	23 B1	
Eyrenville	27 B2	
Eyres-Moncube	87 A1	
Eysines	13 A1	

F

Facture	31 B1	
Faleyras	17 A2	
Falgueyrat	27 B2	
Fargues	39 A1	
Fargues	87 A1	
Fargues-Saint-Hilaire	15 A2	
Fargues-sur-Ourbise	59 A1	
Fauguerolles	43 B2	
Le Fieu	19 B1	
Flaugeac	27 A2	
Flaujagues	23 A1	
Le Fleix	25 A1	
Floirac	13 B2	
Floudès	41 A1	
Fonroque	27 A2	
Fontet	41 A1	
La Force	27 A1	
La Forêt	11 B1	
Fossés-et-Baleyssac	41 B1	
Fougueyrolles	21 B2	
Fourques-sur-Garonne	43 A2	
Fraisse	25 B1	
Francs	19 B2	
Le Frêche	73 A2	
Frontenac	17 B2	

G

Gaas	81 B2	
Gabarnac	39 A1	
Gabarret	75 B2	
Gageac-et-Rouillac	25 B2	
Gaillères	71 B2	
Gajac	39 B2	
Gamarde-les-Bains	83 A1	
Gans	39 B2	
Gardegan-et-Tourtirac	19 B2	
Gardonne	25 B1	
Garein	69 A1	
Garrey	83 A2	
Garrosse	65 B1	
Gastes	45 B2	
Gaujac	43 A2	
Gaujacq	85 A2	
Gazinet	11 B2	
Geaune	89 A2	
Geloux	69 A1	
Génissac	17 A1	
Gensac	23 A1	
Gibret	83 B2	
Ginestet	27 A1	
Gironde-sur-Dropt	41 A1	
Goos	83 A1	
Gornac	17 A2	
Gourbera	65 A2	
Gours	19 B2	
Gousse	83 A1	
Gouts	83 B1	
Gradignan	13 A2	
Le Grand Piquey	29 A1	

Grand-Puch
 (Château du) 15 **B1**
Grave (Pointe de)..........3 **B1**
Grayan-et-l'Hôpital 3 **A1**
Grenade-sur-l'Adour......87 **B1**
Grézet-Cavagnan..........59 **B2**
Grézillac.....................17 **A1**
Grignols.....................41 **A2**
Guérin.......................41 **B2**
Guéthary....................91 **A2**
Guiche.......................79 **B2**
Guillac......................17 **A1**
Guillos......................35 **B2**
Gujan-Mestras............31 **A1**

H

Habas.......................83 **A2**
Hagetmau..................85 **B2**
Le Haillan..................11 **B1**
Halsou......................93 **A2**
Hasparren..................93 **B2**
Hastingues.................79 **B2**
Hauriet.....................85 **A2**
Haut-Mauco...............87 **A1**
Haux........................15 **A2**
Herm........................63 **B2**
Herré.......................75 **B2**
Heugas.....................81 **A2**
Hinx........................83 **A1**
Hontanx....................89 **B1**
Horsarrieu.................85 **B2**
Hossegor...................77 **B2**
Hostens....................35 **A2**
Houeillès..................57 **B2**
Hourtin......................5 **B1**
Hourtin-Plage..............5 **A1**
La Hume....................29 **B1**
Hure........................41 **B1**

I

Ibarron....................91 **B2**
Illats.......................37 **B1**
Isle-Saint-Georges.......13 **B2**
Ispe........................45 **B1**
Itxassou...................93 **A2**
Izon........................15 **B1**

J

Jatxou.....................93 **A2**
Josse.......................79 **B2**
Jugazan....................17 **B1**
Juillac.....................23 **A1**
Jusix.......................41 **B1**

L

Labastide-
 Castel-Amouroux.....59 **B1**
Labastide-Chalosse......85 **B2**
Labastide-d'Armagnac..73 **B2**
Labatut....................81 **B2**
Labenne...................77 **B2**
Labenne-Océan..........77 **A2**
Labescau..................41 **B2**
Labouheyre...............47 **B2**

Labrit......................69 **B1**
Lacajunte.................87 **B2**
Lacanau....................7 **B1**
Lacanau-de-Mios........33 **A1**
Lacanau-Océan...........7 **A1**
Lachapelle................43 **B1**
Lacquy....................73 **A2**
Lacrabe...................85 **B2**
Ladaux....................17 **A2**
Lados.....................39 **B2**
Laglorieuse..............71 **A2**
Lagorce...................19 **A1**
Lagrange..................75 **A2**
Lagruère..................43 **B2**
Lagupie...................43 **A1**
Laharie...................49 **B2**
Lahonce..................93 **B1**
Lahontan.................81 **B2**
Lahosse..................83 **B2**
Laluque..................65 **A2**
Lamonzie-
 Saint-Martin.........27 **A1**
Lamothe.................85 **B2**
Lamothe-Landerron...41 **B2**
Lamothe-Montravel...23 **A1**
Landerrouat............23 **B2**
Landerrouet-
 sur-Ségur............41 **A1**
Landiras................37 **A1**
Langoiran...............15 **A2**
Langon..................39 **A1**
Lannemaignan.........73 **A2**
Lannux..................89 **B2**
Lanton..................31 **A1**
Larbey..................85 **A1**
Larée....................75 **A2**
Laroque.................39 **A1**
Larressore.............93 **A2**
Larrivière-Saint-Savin..87 **B1**
Lartigue................57 **A2**
Latresne................13 **B2**
Latrille.................89 **B2**
Laurède................83 **B1**
Lauret..................89 **A2**
Lavazan................39 **B2**
Laveyssière..........27 **A1**
Lavignolle............33 **B1**
Lège-Cap-Ferret.......7 **A2**
Lembras...............27 **B1**
Lencouacq...........71 **B1**
Léogeats.............37 **B2**
Léognan.............13 **A2**
Léon..................61 **B2**
Léren.................81 **B2**
Lesgor...............65 **B2**
Lesperon............63 **B1**
Le Leuy..............85 **B1**
Les Lèves-et-
 Thoumeyragues..23 **B2**
Lévignac-de-Guyenne..43 **B1**
Lévignacq............49 **B2**
Leyritz-Moncassin...59 **A1**
Lias-d'Armagnac....75 **A2**
Lignan-de-Bazas....39 **A2**

Lignan-de-Bordeaux......15 **A2**
Ligueux....................25 **A2**
Linxe......................63 **B2**
Lisse.......................59 **B2**
Listrac-de-Durèze......23 **A2**
Lit-et-Mixe..............63 **A1**
Longueville.............43 **B2**
Lormont..................13 **B1**
Losse......................57 **A2**
Loubens..................41 **A1**
Loubès-Bernac.........25 **A2**
Louchats................35 **B2**
Louens...................11 **B1**
Louer.....................83 **A1**
Louhossoa...............93 **A2**
Loupes...................15 **A2**
Loupiac..................39 **A1**
Loupiac-de-la-Réole...41 **A1**
Lourquen................83 **B1**
Lubbon...................57 **A2**
Lucbardez-et-Bargues..71 **B2**
Lüe........................47 **B2**
Lugaignac..............17 **A1**
Lugasson..............17 **B2**
Luglon...................67 **B1**
Lugon-et-
 l'Île-du-Carnay......15 **B1**
Lugos....................31 **B2**
Lunas....................27 **A1**
Lussac...................19 **B1**
Lussagnet...............89 **B1**
Luxey....................55 **B1**

M

Macaye..................93 **B2**
Madirac..................15 **A2**
Magescq................79 **B1**
Maillères................71 **A1**
Malaussanne..........87 **B2**
Malle (Château de)..39 **A1**
Malromé
 (Château de).......39 **A1**
Mandacou..............27 **B2**
Mano....................35 **A2**
Mant.....................87 **A2**
Marcellus...............41 **B2**
Margueron.............25 **A2**
Marguestau............75 **A2**
Marimbault............39 **A2**
Marions.................41 **A2**
Marmande.............43 **A2**
Marpaps................85 **A2**
Martignas-sur-Jalle..11 **A1**
Martillac...............13 **A2**
Martres................17 **B2**
Le Mas-d'Agenais....43 **B2**
Masseilles.............41 **A2**
Massugas..............23 **B2**
Maubuisson............5 **A2**
Mauléon-d'Armagnac..73 **B2**
Maupas................73 **B2**
Maurens..............27 **B1**
Mauries...............89 **A2**
Maurrin..............89 **A1**

Mauvezin-d'Armagnac 75 **A1**	Mourens 17 **A2**	Pissos......................53 **A1**
Mauvezin-sur-Gupie.......43 **A1**	Mouscardès 83 **A2**	Le Pizou.....................21 **A1**
Maylis......................85 **A1**	Moustey 53 **A1**	Podensac...................37 **B2**
Mazères....................39 **A2**	Moutchic......................7 **B1**	Pomarez....................83 **B2**
Mazerolles 71 **A2**	Mugron......................85 **A1**	Pompéjac..................39 **A2**
Mées........................81 **A1**	Le Muret 33 **A2**	Pompiey 59 **B2**
Meilhan.....................67 **B2**		Pompignac.................15 **A2**
Meilhan-sur-Garonne......41 **B1**	**N**	Pompogne..................57 **B1**
Mendionde 93 **B2**	Narrosse 81 **B1**	Pomport 27 **A2**
Ménesplet 21 **A1**	Nassiet......................85 **A2**	Pondaurat 41 **A1**
Mérignac...................13 **A1**	Nastringues 21 **B2**	Pont-de-la-Maye 13 **A2**
Mérignas...................17 **B1**	Naujan-et-Postiac 17 **A1**	Pontenx-les-Forges.......45 **B1**
Mescoules 27 **A2**	Navarosse 45 **B1**	Pontonx-sur-l'Adour 83 **A1**
Messanges 61 **A2**	Nerbis 85 **A1**	Porchères 19 **B1**
Mesterrieux 41 **B1**	Nérigean....................15 **B1**	Le Porge 7 **B1**
Mézos 49 **A2**	Neuffons 41 **B1**	Port-de-Lanne 79 **B2**
Mimbaste 81 **B2**	Le Nizan 39 **A2**	Port-Sainte-Foy-et-Ponchapt..............25 **A1**
Mimizan 45 **A2**	Noaillac 41 **B1**	Portets......................15 **A2**
Mimizan-Plage 45 **A2**	Noaillan.....................37 **B2**	Poudenx 85 **B2**
Minzac......................21 **A2**	Notre-Dame de Buglose 81 **B1**	Pouillon.....................81 **B2**
Mios 31 **B1**	Nousse......................83 **B1**	Poussignac.................57 **B1**
Miramont-Sensacq 89 **A2**		Le Pout 15 **B2**
Misson......................81 **B2**	**O**	Pouydesseaux.............71 **B2**
Moliets-et-Maa............61 **A2**	Oeyregave 81 **A2**	Poyanne 83 **B1**
Moliets-Plage 61 **A2**	Oeyreluy....................81 **A1**	Poyartin.....................83 **A2**
Momuy 85 **B2**	Omet 39 **A1**	Préchac.....................37 **B2**
Monbadon 19 **B2**	Onard........................83 **B1**	Préchacq-les-Bains 83 **A1**
Monbazillac...............27 **B2**	Ondres.......................77 **A2**	Preignac 39 **A1**
Monbos.....................27 **A2**	Onesse-et-Laharie........49 **B2**	Prigonrieux 27 **A1**
Moncla 89 **B2**	Origne 35 **B2**	Projan.......................89 **B2**
Monclar 75 **A2**	Orist 79 **B2**	Puch-d'Agenais...........59 **B2**
Monestier..................25 **B2**	Orthevielle 79 **B2**	Puisseguin 19 **B2**
Monfaucon 25 **A1**	Orx 77 **B2**	Pujo-le-Plan...............71 **B2**
Mongauzy 41 **B1**	Ossages.....................83 **A2**	Pujols-sur-Ciron 37 **B1**
Monget 87 **A2**	Ousse-Suzan 67 **B2**	Le Puy 23 **A2**
Monguilhem 73 **B2**	Ozourt 83 **A2**	Puybarban 41 **A1**
Monprimblanc 39 **A1**	Oslon 51 **B1**	Puyguilhem................25 **B2**
Monségur..................43 **A1**		Puynormand 19 **B2**
Monségur..................87 **A2**	**P**	Puyol-Cazalet 87 **B2**
Mont-de-Marsan 71 **A2**	Pardaillan 25 **A2**	Pyla-sur-Mer 29 **A1**
Montagne 19 **A2**	Parempuyre................13 **A1**	
Montagoudin 41 **B1**	Parentis-en-Born 47 **A2**	**Q**
Montalivet-les-Bains.......3 **A2**	Parleboscq 75 **B2**	Queyrac......................3 **B2**
Montaut 85 **B1**	Parsac.......................17 **B1**	Queyssac...................27 **B2**
Montazeau.................21 **B2**	Payros-Cazautets 87 **B2**	Quinsac.....................13 **B2**
Montcaret..................21 **A2**	Pécorade....................89 **A2**	
Montégut..................73 **B2**	Les Peintures 19 **A1**	**R**
Monteton 43 **B1**	Pellegrue....................23 **A2**	Rauzan......................17 **B1**
Montfort-en-Chalosse ...83 **B1**	Perquie 73 **A2**	Razac-de-Saussignac 25 **B1**
Montgaillard 87 **B1**	Pessac 13 **A2**	Razac-d'Eymet 27 **A2**
Montignac 17 **A2**	Pessac-sur-Dordogne.....23 **A1**	Razimet.....................59 **B1**
Montpeyroux 21 **A2**	Petit-Palais-et-Cornemps 19 **B2**	Réans........................75 **B2**
Montpon-Ménestérol....21 **B2**	Pey 79 **B2**	Renung......................89 **A2**
Montpouillan 43 **A2**	Peyre 87 **A2**	La Réole 41 **A1**
Montsoué..................87 **A1**	Peyrehorade 81 **A2**	Retjons 73 **A1**
Montussan.................15 **A1**	Philondenx.................87 **B2**	La Réunion.................59 **A1**
Morcenx 65 **B1**	Le Pian-Médoc 11 **B1**	Ribagnac....................27 **B2**
Morganx 87 **A2**	Le Pian-sur-Garonne....39 **A1**	Richet........................53 **B1**
Morizès 41 **A1**	Pilat-Plage 29 **A1**	Rimbez-et-Baudiets 75 **B1**
Mouguerre.................93 **A1**	Pimbo 89 **A2**	Rimons 23 **A2**
Moulin-Neuf 21 **A1**	Pindères 57 **B1**	Riocaud.....................25 **A2**
Le Moulleau...............29 **A1**	Pineuilh.....................25 **A1**	Rion-des-Landes 65 **B1**
Moulon 17 **A1**		La Rivière 15 **B1**

Rivière-Saas-
  et-Gourby **79 B1**
Roaillan **39 A2**
Rolland **19 A1**
Romagne **17 A2**
Romestaing **41 B2**
Roquebrune **41 B1**
Roquefort **71 B1**
Roquetaillade
  (Château de) **39 A2**
La Roquille **25 A2**
Rouffignac-
  de-Sigoulès **27 A2**
Ruffiac **57 B1**

S

Sabres **53 B2**
Sadillac **27 B2**
Sadirac **15 A2**
Saillans **15 B1**
Saint-Agnet **89 B2**
Saint-Aignan **15 B1**
Saint-André-
  de-Seignanx **77 B2**
Saint-André-du-Bois **39 B1**
Saint-André-
  et-Appelles **25 A1**
Saint-Antoine-
  de-Breuilh **23 B1**
Saint-Antoine-
  du-Queyret **23 A2**
Saint-Antoine-
  sur-l'Isle **21 A1**
Saint-Astier **25 A2**
Saint-Aubin **85 A1**
Saint-Aubin-
  de-Branne **17 B1**
Saint-Aubin-
  de-Cadelech **27 B2**
Saint-Aubin-
  de-Médoc **11 B1**
Saint-Avit **43 B1**
Saint-Avit **71 A2**
Saint-Avit-de-Soulège **23 B1**
Saint-Avit-
  Saint-Nazaire **25 A1**
Saint-Barthélemy **77 B2**
Saint-Barthélemy-
  de-Bellegarde **21 B1**
Saint-Brice **17 B2**
Saint-Caprais-
  de-Bordeaux **15 A2**
Saint-Capraise-
  d'Eymet **27 B2**
Saint-Cernin-
  de-Labarde **27 B2**
Saint-Christophe-
  de-Double **21 A1**
Saint-Christophe-
  des-Bardes **17 B1**
Saint-Cibard **19 B2**
Saint-Côme **39 B2**
Saint-Cricq-Chalosse **85 A2**
Saint-Cricq-du-Gave **81 B2**
Saint-Cricq-Villeneuve **71 B2**
Saint-Émilion **17 B1**
Saint-Étienne-de-Lisse **17 B1**
Saint-Étienne-d'Orthe **79 B2**
Saint-Exupéry **41 A1**
Saint-Félix-
  de-Foncaude **17 B2**
Saint-Ferme **23 A2**
Saint-Gein **89 B1**
Saint-Genès-
  de-Castillon **19 B2**
Saint-Genès-
  de-Lombaud **15 A2**
Saint-Genis-du-Bois **17 A2**
Saint-Georges **19 A2**
Saint-Georges-
  Blancaneix **25 B1**
Saint-Geours-
  d'Auribat **83 B1**
Saint-Geours-
  de-Maremne **79 B1**
Saint-Géraud **43 A1**
Saint-Germain-
  de-Grave **39 A1**
Saint-Germain-
  de-la-Rivière **15 B1**
Saint-Germain-
  du-Puch **15 B1**
Saint-Girons-en-Béarn **83 B2**
Saint-Girons-Plage **61 A1**
Saint-Gor **73 A1**
Saint-Hilaire-
  de-la-Noaille **41 B1**
Saint-Hilaire-du-Bois **17 B2**
Saint-Hippolyte **17 B1**
Saint-Jean-
  de-Blaignac **17 B1**
Saint-Jean-de-Duras **25 B2**
Saint-Jean-de-Lier **83 A1**
Saint-Jean-de-Luz **91 A1**
Saint-Jean-de-Marsacq ... **79 A2**
Saint-Jean-d'Illac **11 A2**
Saint-Julien-
  d'Armagnac **73 B2**
Saint-Julien-d'Eymet **27 A2**
Saint-Julien-en-Born **63 A1**
Saint-Justin **73 A2**
Saint-Laurent-de-Gosse ... **79 A2**
Saint-Laurent-
  des-Combes **17 B1**
Saint-Laurent-
  des-Vignes **27 A1**
Saint-Laurent-du-Bois **17 B2**
Saint-Laurent-du-Plan **39 B1**
Saint-Léger-de-Balson **37 A2**
Saint-Léon **15 B2**
Saint-Léon **59 B1**
Saint-Lon-les-Mines **81 A2**
Saint-Loubert **39 B1**
Saint-Loubès **15 A1**
Saint-Loubouer **87 B2**
Saint-Louis-
  de-Montferrand **13 B1**
Saint-Macaire **39 A1**
Saint-Magne **35 A2**
Saint-Magne-
  de-Castillon **19 B2**
Saint-Maixant **39 A1**
Saint-Martial **17 A2**
Saint-Martial-
  d'Artenset **21 A2**
Saint-Martin-de-Curton ... **57 B1**
Saint-Martin-
  de-Gurson **21 A2**
Saint-Martin-de-Hinx **79 A2**
Saint-Martin-de-Lerm **41 A1**
Saint-Martin-
  de-Seignanx **77 B2**
Saint-Martin-de-Sescas ... **39 B1**
Saint-Martin-d'Oney **69 A2**
Saint-Martin-Petit **43 A1**
Saint-Maurice-
  sur-Adour **87 B1**
Saint-Méard-
  de-Gurçon **21 B2**
Saint-Médard **71 A2**
Saint-Médard-
  de-Guizières **19 B1**
Saint-Médard-d'Eyrans ... **13 B2**
Saint-Médard-en-Jalles ... **11 B1**
Saint-Michel-
  de-Castelnau **57 A1**
Saint-Michel-
  de-Fronsac **15 B1**
Saint-Michel-
  de-Lapujade **41 B1**
Saint-Michel-
  de-Montaigne **19 B2**
Saint-Michel-
  de-Rieufret **37 A1**
Saint-Michel-Escalus **63 A2**
Saint-Morillon **35 B1**
Saint-Nazaire **25 A1**
Saint-Nexans **27 B2**
Saint-Pandelon **81 B1**
Saint-Pardon-
  de-Conques **39 B2**
Saint-Pardoux-
  du-Breuil **43 B2**
Saint-Paul-en-Born **45 B2**
Saint-Paul-lès-Dax **81 A1**
Saint-Pée-sur-Nivelle **91 B2**
Saint-Perdon **69 B2**
Saint-Perdoux **27 B2**
Saint-Pey-d'Armens **17 B1**
Saint-Philippe-
  d'Aiguille **19 B2**
Saint-Philippe-
  du-Seignal **25 A1**
Saint-Pierre-d'Aurillac ... **39 B1**
Saint-Pierre-de-Bat **17 A2**
Saint-Pierre-de-Mons ... **39 B1**
Saint-Pierre-d'Eyraud ... **25 B1**
Saint-Pierre-d'Irube **93 A1**
Saint-Pierre-du-Mont ... **69 B2**
Saint-Pierre-sur-Dropt ... **43 B1**
Saint-Quentin-
  de-Baron **15 B2**

Saint-Quentin-de-Caplong 23 B2
Saint-Rémy 21 B2
Saint-Romain-la-Virvée 15 A1
Saint-Sauveur-de-Meilhan..............41 B2
Saint-Sauveur-de-Puynormand.........19 B1
Saint-Sernin...................25 A2
Saint-Seurin-de-Prats.....23 A1
Saint-Seurin-sur-l'Isle.......19 B1
Saint-Sève 41 A1
Saint-Sever....................85 B1
Saint-Sulpice-de-Faleyrens 17 A1
Saint-Sulpice-de-Guilleragues 41 B1
Saint-Sulpice-de-Pommiers.............17 B2
Saint-Sulpice-et-Cameyrac 15 A1
Saint-Symphorien 37 A2
Saint-Vincent-de-Paul 15 A1
Saint-Vincent-de-Paul 81 B1
Saint-Vincent-de-Pertignas 17 B1
Saint-Vincent-de-Tyrosse 79 A1
Saint-Vivien 21 A2
Saint-Vivien-de-Médoc 3 B2
Saint-Vivien-de-Monségur 43 A1
Saint-Yaguen.................67 B2
Sainte-Bazeille 43 A1
Sainte-Colombe..........19 A2
Sainte-Colombe..........87 A2
Sainte-Colombe-de-Duras.................23 B2
Sainte-Croix-du-Mont ..39 A1
Sainte-Eulalie................13 B1
Sainte-Eulalie-d'Eymet ..25 B2
Sainte-Eulalie-en-Born....45 B2
Sainte-Florence 17 B1
Sainte-Foy.......................71 B2
Sainte-Foy-des-Vignes ...27 B1
Sainte-Foy-la-Grande ...25 A1
Sainte-Foy-la-Longue....39 B1
Sainte-Gemme............41 B1
Sainte-Gemme-Martaillac 59 A1
Sainte-Hélène................9 B1
Sainte-Innocence.........27 A2
Sainte-Marie-de-Gosse..................79 A2
Sainte-Marthe.............43 A2
Sainte-Radegonde 23 A1
Sainte-Terre..................17 B1
Salaunes 11 A1
Sallebœuf....................15 A1
Les Salles......................19 B2
Salles 33 A1
Samadet 87 A2
Samazan 43 A2
Sames 79 B2

Sanguinet....................47 A1
Sarbazan......................71 B1
Sare................................91 A2
Sarraziet.......................87 A1
Sarron 89 B2
Saubion........................77 B1
Saubrigues 79 A2
Saubusse 79 B1
Saucats 35 B1
Saugnac-et-Cambran....81 B1
Saugnacq-et-Muret......33 A2
Sault-de-Navailles.......85 A2
Sauméjan 57 B1
Saumos 9 A1
Saussignac 25 B2
Sauternes 37 B1
La Sauve 15 B2
Sauveterre-de-Guyenne..............17 B2
Sauviac 39 B2
Savignac 41 A1
Savignac-de-Duras 25 A2
Ségos 89 B2
Seignosse 77 B1
Semens 39 A1
Le Sen 55 B2
Sendets........................41 A2
Sénestis........................43 B2
Serres-et-Montguyard 27 A2
Serres-Gaston 87 B2
Serreslous-et-Arribans....85 B2
Seyresse 81 A1
Siest 81 A1
Sigalens 41 A2
Sigoulès 27 A2
Sillas 41 A2
Sindères 65 B1
Singleyrac...................27 A2
Soorts-Hossegor 77 B1
Sorbets 89 A2
Sorde-l'Abbaye 81 A2
Sore 55 A1
Sort-en-Chalosse 83 A2
Soulac-sur-Mer 3 A1
Soulignac....................15 B2
Soumensac 25 B2
Souprosse...................85 A1
Le Souquet 65 A1
Souraïde......................93 A2
Soussac 23 A2
Soustons 79 A1

T

Tabanac........................15 A2
Le Taillan-Médoc 11 B1
Taillebourg..................43 B2
Taillecavat....................43 A1
Talais 3 B1
Talence 13 A2
Taller.............................63 B2
Targon 17 A2
Tarnos 77 A2
Tartas 67 A2
Taussat.........................31 A1

Tayac 19 B2
Le Teich 31 B1
Le Temple.......................9 A1
Tercis-les-Bains............81 A1
La Teste-de-Buch 29 B1
Téthieu 81 B1
Thénac..........................25 B2
Tilh................................83 B2
Tizac-de-Curton 17 A1
Tosse 79 A1
Toulenne......................39 A1
Toulouzette 85 A1
Le Tourne 15 A2
Trensacq 53 B2
Tresses 15 A1
Le Tuzan 35 B2

U

Uchacq-et-Parentis 69 B2
Urcuit...........................93 B1
Urgons.........................87 B2
Ustaritz 93 A2
Uza 63 A1
Uzeste..........................37 B2

V

Vayres..........................15 B1
Vélines 21 A2
Vendays-Montalivet 3 B2
Vensac...........................3 B2
Verdelais 39 A1
Le Verdon-sur-Mer........3 B1
Verlus 89 B2
Vert...............................69 B1
Vicq-d'Auribat.............83 B1
Vielle-Saint-Girons......61 B1
Vielle-Soubiran...........73 B1
Vielle-Tursan 87 B2
Vieux-Boucau-les-Bains....61 B2
Le Vignau 89 B2
Vignonet.....................17 B1
Villa-Algérienne 29 A1
Villandraut..................37 B2
Villefranche-de-Lonchat................21 A2
Villefranche-du-Queyran 59 B1
Villefranque 93 B2
Villegouge...................15 B1
Villenave 67 A2
Villenave-d'Ornon 13 B2
Villeneuve-de-Duras....25 B2
Villeneuve-de-Marsan 71 B2
Virazeil 43 B2

X

Xaintrailles

Y

Ychoux 47 B2
Ygos-Saint-Saturnin 67 B2
Yquem (Château)..........37 B1
Yvrac 15 A1
Yzosse 81 B1

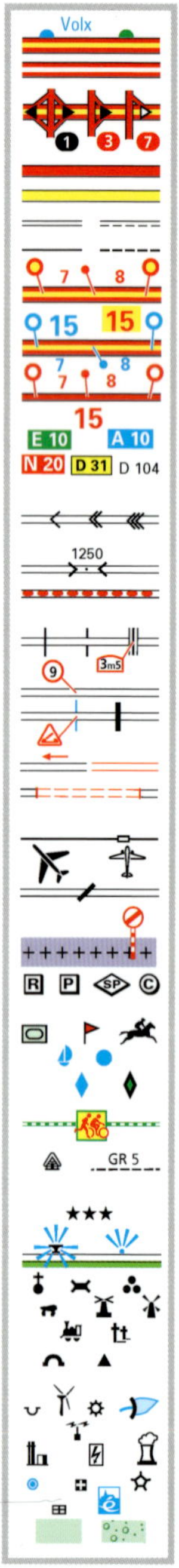

Légende / Key

Routes / Roads
- Autoroute - Station-service - Aire de repos / Motorway - Petrol station - Rest area
- Double chaussée de type autoroutier / Dual carriageway with motorway characteristics
- Échangeurs : complet - partiels / Interchanges: complete, limited
- Numéros d'échangeurs / Interchange numbers
- Itinéraire principal / Major road
- Itinéraire régional ou de dégagement / Regional road network
- Route revêtue - non revêtue / Road surfaced - unsurfaced
- Chemin d'exploitation - Sentier / Rough track - Footpath

Distances / Distances (total and intermediate)
- Section à péage sur autoroute / Toll roads on motorway
- Section libre sur autoroute / Toll-free section on motorway
- sur route / on road

Numérotation - Signalisation / Numbering - Signs
- Route européenne - Autoroute / European route - Motorway
- Route nationale - départementale / National road - Departmental road

Obstacles
- Forte déclivité (flèches dans le sens de la montée) de 5 à 9%, de 9 à 13%, 13% et plus / Steep hill (ascent in direction of the arrow) 5 - 9%, 9 - 13%, 13% +
- Col et sa cote d'altitude / Pass and its height above sea level
- Parcours difficile ou dangereux / Difficult or dangerous section of road
- Passages de la route : à niveau - supérieur - inférieur / Level crossing: railway passing, under road, over road
- Hauteur limitée (au-dessous de 4,50 m) / Height limit (under 4.50 m)
- Limites de charge : d'un pont, d'une route (au-dessous de 19 t.) / Load limit of a bridge, of a road (under 19 t)
- Pont mobile - Barrière de péage / Swing bridge - Toll barrier
- Route à sens unique - Route réglementée / One way road - Road subject to restrictions
- Route interdite / Prohibited road

Transports / Transportation
- Voie ferrée - Gare / Railway - Station
- Aéroport - Aérodrome / Airport - Airfield
- Bac pour piétons et cycles / Ferry (passengers and cycles only)

Administration
- Frontière - Douane / National boundary - Customs post
- Capitale de division administrative / Administrative district seat

Sports - Loisirs / Sport & Recreation Facilities
- Stade - Golf - Hippodrome / Stadium - Golf course - Horse racetrack
- Port de plaisance - Baignade / Pleasure boat harbour - Bathing place
- Parc aquatique - Base ou parc de loisirs / Water park - Country park
- Piste cyclable / Voie Verte - Source : / Cycle paths and nature trails - Source :
- Association Française des Véloroutes et Voies Vertes / Association Française des Véloroutes et Voies Vertes
- Refuge de montagne - Sentier de grande randonnée / Mountain refuge hut - Long distance footpath

Curiosités / Sights
- Principales curiosités : voir LE GUIDE VERT / Principal sights: see THE GREEN GUIDE
- Table d'orientation - Panorama - Point de vue / Viewing table - Panoramic view - Viewpoint
- Parcours pittoresque / Scenic route
- Édifice religieux - Château - Ruines / Religious building - Historic house, castle - Ruins
- Monument mégalithique - Phare - Moulin à vent / Prehistoric monument - Lighthouse - Windmill
- Train touristique - Cimetière militaire / Tourist train - Military cemetery
- Grotte - Autres curiosités / Cave - Other places of interest

Signes divers / Other signs
- Carrière - Éolienne - Usine - Barrage / Quarry - Wind turbine - Factory - Dam
- Tour ou pylône de télécommunications / Telecommunications tower or mast
- Raffinerie - Centrale électrique - Centrale nucléaire / Refinery - Power station - Nuclear Power Station
- Château d'eau - Hôpital - Fort / Water tower - Hospital - Fort
- Cimetière - Village étape / Cemetery - Stopover village
- Forêt ou bois - Forêt domaniale / Forest or wood - State forest